Susan RoAne

Was sage ich jetzt bloß?

Susan RoAne

Was sage ich jetzt bloß?

*Perfekt auftreten,
brillant kommunizieren,
souverän reagieren
Das 7-Punkte-Programm für
Ihren beruflichen Erfolg*

mvg

Die Deutsche Bibliothek – CIP-Einheitsaufnahme

RoAne, Susan:
Was sage ich jetzt bloss? : perfekt auftreten, brilliant kommunizieren, souverän reagieren ; das 7-Punkte-Programm für Ihren beruflichen Erfolg / Susan RoAne. [Aus dem Amerikanischen von M. Larass]. – Landsberg am Lech : mvg-verl., 1998
(Business-Training : 81210)
Einheitssacht.: What do I say next? <dt.>
ISBN 3-478-81210-0

This edition published by arrangement with Warner Books, Inc., New York.
Aus dem Amerikanischen von Michael Larrass.

Umschlaggestaltung: Vierthaler & Braun, München
Satz: Wolfgang Appun, München
Druck- und Bindearbeiten: Presse Druck, Augsburg
Printed in Germany 081 210/8984502
ISBN 3-478-81210-0

Inhalt

Ein offener Brief an Frau Kelly

Liebe Frau Kelly,

meine erste Klasse bei Ihnen war ganz toll. Sie waren
eine sehr gute und nette Lehrerin. Außer daß Sie mir
keine gute Note in Betragen gegeben haben, weil ich mich
nicht „sinnvoll" beschäftigt habe. Ich war zwar unruhig,
aber ich hatte meine Arbeit immer fertig, bevor ich mei-
nen Platz verließ, um mit meinen Klassenkameraden
zu sprechen.
Dann sagten Sie meiner Mutter, daß ich eigentlich die zwe i-
te Klasse überspringen sollte, aber daß Sie das nicht unte r-
stützen könnten, weil ich im Unterricht so viel mit me i-
nen Freunden redete.
Frau Kelly, ich rede immer noch viel – und wirklich Sin n-
volles. Ich spreche immer noch mit Barry P., Shelley E.,
Esther F. und Judy L., und nun will ich in diesem Buch
ein paar von den „schlechten Angewohnheiten" zum besten
geben, die mir so gedient haben.
Ich bin Ihnen dankbar, daß Sie mir meinen Schwung nicht
genommen haben.

Mit freundlichen Grüßen

Susan RoAne
(4. Reihe, 2. Platz)

PS: Die 2. Klasse war trotzdem gut.

Einführung

Die Kunst der Konversation wird nicht aussterben. Sie mag sich verändern, aber aussterben wird sie nicht. Wir unterhalten uns heute auf dem Sportplatz, im Café, in literarischen Clubs und Online. *Das Gespräch ist der Kern der Kommunikation; es ist das Schlüsselelement von Führungsqualität und Erfolg ganz allgemein.*

Gewandtes und flüssiges Sprechen ist in vielerlei Hinsicht mit Erfolg verbunden: bei Vorträgen, am Telefon, im direkten Gespräch, bei Sitzungen sowie bei Gesprächen im geschäftlichen und geschäftlich-sozialen Bereich. Diese Gespräche sind Gegenstand des vorliegenden Buches.

Eine „verbale Nasenlänge“ voraus sein, das ist der Schlüssel zur mühelosen Unterhaltung in vielen Situationen: im Beruf und in der Vielzahl gesellschaftlicher Anlässe in unserem Privatleben. In diesem Buch finden Sie die Redewendungen, Gedanken und Szenarien für jene schwierigen Lebenslagen, in denen von uns erwartet wird, daß wir Worte des Trostes, des Mitgefühls und der Unterstützung finden. Dazu kommt eine Sammlung von „Eisbrechern“ zum Auftauen des Gesprächsklimas und zum Aufbau von Beziehungen.

Wer unter Ihren Bekannten ist der einfühlsamste, lockerste Gesprächspartner? Wie kommt es, daß man sich mit ihm oder ihr so leicht unterhält? Wie fühlen, antworten und reagieren Sie in der Gegenwart dieser Gesprächsprofis?

Die gute Nachricht ist, daß wir die Mittel, es ihnen gleichzutun, bereits haben – *Worte*! Noch besser ist die Nachricht, daß wir alle zu einer erfolgreichen Unterhaltung fähig sind. Voraussetzung ist, daß wir üben, andere respektieren und es uns zu einem wirklichen Anliegen machen, unsere Gesprächskultur zu entwickeln.

Selbst Befangenheit braucht uns nicht daran zu hindern. Laut Aussage von Philip Zimbardo, dem Verfasser von *Nicht so schüchtern!,* bezeichnen sich 85 Prozent aller Menschen selbst in irgendeiner Weise als befangen. Befangen sein bedeutet lediglich, daß wir in einem Gespräch zurückhaltend sind und uns nicht ganz wohl fühlen, *nicht aber*, daß wir unfähig dazu sind. Das vorliegende Buch liefert Anregungen und Techniken, die jeden zu einem Gesprächs-As machen können.

Bei der Vorbereitung dieses Buches führte ich eine umfassende Studie durch über die Gesprächskultur bei Menschen aus allen sozialen Schichten, Berufen, Lebensaltern und Landesteilen, die Meister der Konversation waren, um ausfindig zu machen, wo ihre Stärke lag. Diese Menschen haben die Logenplätze in unserer Gesellschaft: Es sind Softwaregenies, Wissenschaftler, Geistliche, Akademiker, Ärzte, Rechtsanwälte und andere Größen.

Es gibt keine klaren und festen Regeln beim Gespräch – zumindest keine, die wirklich funktionieren. Wir können keine Doppelblindstudien durchführen, um quantifizierbare Gesprächsformeln zu ermitteln, die jederzeit anwendbar sind; jedes Gespräch paßt sich jeweils den Menschen, dem Zeitpunkt und dem Ort an. Das Gespräch ist das Ergebnis der Partner, der Erfahrung jedes einzelnen in diesem besonderen Moment der zwischenmenschlichen (Al-)Chemie und der Lebenserfahrung jedes Beteiligten.

Ein gutes Gespräch ist ein Kunstwerk. Es besitzt einen Fluß, eine Geschmeidigkeit, die sich der wissenschaftlichen Analyse entzieht. Es ist organisch. Ein gutes Gespräch kann sich nicht an starre Formeln halten. Sobald wir vorher genau wissen, was wir sagen wollen, ist es eine Ansprache.

Zwar ist die Wortwahl sehr wichtig, aber es ist das Wie – Tonfall, Pausen, Betonung, Körpersprache, Gesten, Gesichtsausdruck, Gehbewegung –, das den Kontext ausmacht und uns das gute Gefühl eines angenehmen, selbstsicheren Gespräches gibt. Vieles in unserer Kommunikation, der verbalen wie der nicht-verbalen, ergibt sich aus unserem Eingehen auf unsere Gesprächspartner und aus der Fähigkeit, in diesem Moment dem eigenen guten Gespür zu folgen.

Diejenigen unter uns, die Gesprächskunst studieren, können Leitlinien aufstellen und Anregungen liefern. *Zuhören und auf das Gesagte bzw. das Nichtgesagte eingehen lernen muß aber jeder von uns.* Was in einer Situation wirkt, hilft vielleicht in einer anderen nicht. Wir können jedoch einige grundlegende Strategien und Einstellungen lernen, wie wir mit Menschen umgehen.

Ganz gleich, ob Sie eine Führungsposition innehaben, Arzt, Schreiner, Ingenieur, Hersteller, Vertreter oder Trainer der Schulmannschaft oder Vorstandsmitglied des örtlichen Kunstvereins sind, ob Sie am Anfang Ihrer Laufbahn stehen, ein alter Hase oder Umsteiger sind, ob Sie Vorsitzender des Schützenvereins, ein introvertiert-scheuer Mensch oder ein extrovertierter Draufgänger sind ... dieses Buch habe ich für *Sie* geschrieben.

Nach seiner Lektüre werden Sie die rhetorische Frage: „Können wir miteinander sprechen?“ immer mit einem überzeugten „Ja!“ beantworten können. Zum guten Gespräch bedarf es der Übung; je mehr wir es praktizieren, desto besser werden wir und desto leichter fällt es uns. Selbstvertrauen und flüssige Ausdrucksformen nehmen zu und damit auch unser persönlicher und beruflicher Erfolg.

Die „verbale Nasenlänge“ ist ein Ideenbuffet. Versuchen Sie es mit einigen Happen, die Ihnen schmecken, und holen Sie sich dann ein paar andere, die Sie noch nicht kennen. Veränderungen treten nur dann ein, wenn wir sie wirklich wollen. Der Zweck dieses Buches ist, Sie entspannter, selbstsicherer und schließlich erfolgreicher zu machen.

1 Wer nichts sagt, versagt: Warum Gespräche erfolgreich machen

„Welcher Fähigkeit schreiben Sie hauptsächlich Ihren Erfolg zu?"

Diese Frage stellte ich allen erfolgreichen Menschen, die ich für dieses Buch interviewte. Die häufigste Antwort war: *Der Fähigkeit, sich zu unterhalten*!

Wenn man erfolgreich sein will, hat man keine andere Wahl, als seine Gesprächskunst zu entwickeln. *Sag' 'was oder Du versagst* ist die Regel für persönlichen wie beruflichen Erfolg.

Studien an berühmten und weniger berühmten Wirtschaftsuniversitäten bestätigen meine eher persönlichen Ergebnisse, daß die Fähigkeit, sich zu unterhalten und zu kommunizieren ein Schlüsselfaktor für den Erfolg ist. Eine Befragung bei Führungskräften ergab „verbale Kommunikationsfähigkeit" als wichtigstes Element.

Angesichts der fortdauernden Unternehmensfusionen und des Stellenabbaus brauchen wir Gespräch und Kommunikation mehr als je zuvor. Netzwerke loyaler Kunden und Beziehungen werden zu Kernbereichen. Wie bauen diese Beziehungen auf, erweitern und pflegen sie durch unsere Tätigkeit, aber auch durch unseren Austausch und unsere *Gespräche*.

Sei aufmerksam, lautet die Losung für die Jahrtausendwende. Achte auf Projekte, Details, Trends und vor allem: Achte auf deine *Mitmenschen*.

Flüssig macht flüssiger

Anfang der 90er Jahre befragte Thomas Harrell, Emeritus der Wirtschaftsfakultät der amerikanischen Stanford University, eine Gruppe von Absolventen der Wirtschaftswissenschaften zehn Jahre nach deren Studienabschluß. Seine Absicht war, die Eigenschaften der Erfolgreichsten ausfindig zu machen.

Er fand heraus, daß es keinen Zusammenhang zwischen Erfolg und Notendurchschnitt gab. Die Eigenschaft, die allen Erfolgreichen gemeinsam war, war ihre *verbale Gewandtheit*, ihre sprachliche Flüssigkeit und Anpassungsfähigkeit. Es waren selbstsichere Gesprächsprofis, die sich mit jedermann unterhalten konnten: mit Kollegen, Investoren, Fremden, Vorgesetzten oder Partnern. Sie waren gute Redner und stets gesprächsbereit. Die Gleichung war also eindeutig:

flüssiges Sprechen = mehr Erfolg und „flüssige Mittel"

Karriere bauen durch Selbstvertrauen

Das Gespräch ist die Grundlage der Kommunikation; es baut Beziehungen auf und verbindet uns mit unseren Kollegen, Kunden, Stammtischbrüdern, Wettbewerbern, Untergebenen, Vorgesetzten und Freunden.

Unsere Gesprächskompetenz ist lebenswichtig und wird in Zukunft an Bedeutung zunehmen. Ende der 80er Jahre kam Nathan Keylitz, emeritierter Professor der Harvard University, zu dem Schluß, daß im Jahre 2000 zwar die meisten Menschen technische Fähigkeiten haben würden,

„wirklich erfolgreich aber nur die sein werden, die es verstehen, mit anderen zu sprechen.“

Gesprächsprofis werden sich künftig noch mehr als heute von den anderen abheben. Zu wissen, womit wir das Gespräch beginnen und wie wir es weiterführen, bringt uns auf die nächste Stufe unserer Karriere.

Die Frage aller Fragen

Alles steht und fällt mit der Beantwortung der Frage: *Mögen Sie Menschen?*

Gewinner ist jeder, der diese Frage mit „Ja“ beantwortet. Die Freude am Austausch ist der Kern einer jeden guten Unterhaltung. Wenn Sie Ihre Mitmenschen nett finden, hilfreich, interessant oder informativ, so werden Sie mit ihnen sprechen *wollen*. Die anderen werden das mitbekommen und es mögen. Damit haben Sie bereits eine Beziehung mit ihnen aufgebaut und Punkte erzielt.

Wenn Sie mit „Nein“ geantwortet haben, lesen Sie trotzdem weiter! Sobald Sie gelernt haben, wie man sich lockerer unterhält, werden Sie vielleicht Ihre Ansicht ändern. Fühlen Sie sich erst einmal im Gespräch selbstsicherer, so wird der Austausch mit anderen leichter und angenehmer. Diese Einstellung führt in beruflicher wie privater Hinsicht zum Erfolg.

Vertrauen in Ihre Gesprächskompetenz macht Sie zu einem besseren Manager, Vorgesetzten, Arbeitgeber und Kollegen. Es lohnt sich!

Reden ist Silber, Schweigen ist Blech

Das Sprichwort „In der Kürze liegt die Würze“ birgt keine Rechtfertigung für ein Sich-Abkapseln. Wer es mit dieser Würze übertreibt, wird es in der Kunst des Gesprächs nicht sehr weit bringen. Niemand möchte in den Ruf geraten, ein wortkarger, unnahbarer Einsilbenkünstler zu sein, der auf jede Frage kaum mehr über die Lippen bringt als „Aha“, „So“, „Mmh“ und es offensichtlich genießt, wenn der andere am Ende seines Lateins ist. Kein Mensch würde sich begeistert über solche Zeitgenossen äußern.

Manche Menschen spotten über „Small talk“, sie belächeln den Austausch von Belanglosigkeiten und tun ihn als banal ab. Sie sind stolz darauf, ohne Umschweife zur Sache zu kommen und Tacheles zu reden, da sie eben Wichtigeres im Kopf haben als leeres Gerede. Einige von uns gehen tatsächlich sehr haushälterisch mit ihren Worten um, aber ganz ohne Ballaststoffe ist auch Astronautennahrung nicht.

Wenn es uns gleich ist, ob wir angenehme Gesprächspartner sind, so vermitteln wir den Eindruck von Aufgeblasenheit – wenngleich unsere Zweckorientiertheit und Unnahbarkeit möglicherweise nur unser mangelndes Selbstvertrauen kaschieren. Leben und Arbeit fließen leichter dahin, wenn wir uns beim Gespräch wohl fühlen und es verstehen, auch bei anderen dieses Gefühl zu wecken.

Seien Sie kein Sekundenfuchser

Es gibt andere Menschen, die nichts von „Wortgeplänkel“ halten, weil es Zeitverschwendung ist. Doch das Einsparen von Nanosekunden durch das Kürzen menschlicher Beziehungen macht kein bißchen Sinn – nicht im Geschäftsleben und schon gar nicht im Privatleben.

Im Laufe unseres Lebens haben wir dann vielleicht einige Stunden gespart. Na und? Investierten wir diese Zeit lieber in die Nettigkeiten des alltäglichen Gesprächs, mit dem wir Beziehungen pflegen, wären wir sowohl glücklicher als auch reicher.

„Geschäfte macht man mit Menschen, die man kennt, schätzt, und denen man vertraut,“ schreiben John Naisbitt und Patricia Aburdene in *Reinventing the Corporation*. So macht auch „oberflächliche“ Unterhaltung Sinn. Sie hilft uns, unsere bestehenden und potentiellen Kunden, unsere Kollegen, Mitarbeiter und Freunde besser zu verstehen. Wenn wir sagen, daß wir keine Zeit auf leeres Gerede verschwenden wollen, so geben wir damit zu verstehen, daß wir keine Zeit investieren wollen, um den anderen kennenzulernen – seine Interessen, Ansichten, seine Art der Mitteilung und seine Vorlieben. Es läßt durchblicken, daß Sie zu geschäftig oder zu wenig interessiert sind, als daß Ihnen der andere die Zeit wert ist.

Small talk is big – von der Tiefe der Oberfläche

„Oberflächliches“ ist das, was in solchen Situationen die Verbindung herstellt, wo die „wichtigen Themen“ – Mord, Brand, Hungersnot, Epidemien und päpstliche Edikte nicht so ganz passen. Nicht jeder ist darauf erpicht, Ihre Meinung zum tödlichen Ebola-Virus oder zum Zölibat zu hören. Die wichtigen Themen haben ihren Platz im Gespräch, *aber wir müssen Zeit und Ort richtig wählen.*

Die kleinen Themen des Alltags sind der wichtigste Gesprächsstoff. Mit ihnen bauen wir Beziehungen auf und aus. Unterhaltung erzeugt unser persönliches und geschäftliches Sicherheitsnetz.

Im Alltagsgespräch tauschen wir Information, Vorlieben, Ideen und Ansichten aus. Mit ihrer Hilfe brechen wir das Eis und bekommen ein Gefühl für unsere Umwelt, für das, was die anderen mögen oder meiden. Es muß ja nicht immer Alltag sein. Ich habe oft mit Menschen zu tun gehabt, die einander kennenlernten, indem sie sich beiläufig über Kunst, Sport, Wirtschaftsfragen, Regierungsprogramme oder Gesundheitsthemen unterhielten.

Die kleinen Themen sind die Stufen zu den großen. Das Alltägliche ist der Mörtel in den Fugen der Beziehungen und Erfolge.

Kommunikation ist Politik

Das Gespräch erfordert politischen Grips. Nancy Shina, die Vorsitzende der amerikanischen Firma Millenium Marketing, findet dies in ihrer 20jährigen Karriere bestätigt, in der sie es von der Verkaufsassistentin zur Vizepräsidentin gebracht hat.

„Gespräch ist Politik. Man muß wissen, worüber man sprechen kann und worüber nicht, worüber man sprechen sollte und worüber besser nicht, und mit wem man das jeweilige Gespräch führen sollte und mit wem nicht. Wenn wir uns eine Sache durchdenken und Themen gut vorbereiten, können wir eher vermeiden, etwas Falsches zu sagen oder mit der falschen Person zu sprechen."

> In einem guten Gespräch fließt einem das Herz über,
> in einem schlechten eher die Galle.
> (Unbekannt)

Die Angelpartie – den Köder nicht vergessen

Frisch gewagt ist halb gewonnen; allerdings gehört ein guter Schuß Vorbereitung dazu. Einfach nur ins Blaue hinein loszureden ist kaum erfolgreich.

Zwar ist jedes Gespräch ein natürlicher, angenehmer Zeitvertreib, aber man darf ruhig ein bißchen planen. Bill Newton, Chef der amerikanischen Versicherungsgruppe Norcal Insurance, war mit fünf anderen Topmanagern zu einer dreitägigen Angelpartie nach Westkanada eingeladen. „Ich kannte keinen von ihnen, aber ich hatte eine Menge über einen der Männer gelesen, den ich kennenlernen wollte, weil er etwas Erfolgreiches getan hatte, das ich in unserer Firma auch einführen wollte. Die ersten paar Tage angelte ich, erzählte und hörte zu. Am dritten Tag ging ich auf das Boot, wo der Mann war, den ich kennenlernen wollte. Der Tag wurde ein voller Erfolg, und wir kamen überein, unser Gespräch fortzusetzen." Zu Beginn unterhielten sich diese beiden Manager über das Angeln, aber am Ende stand das Geschäft.

Bill Newton war vorbereitet, er hatte einen Plan (ein Teil davon war Angeln) und er hatte seine Hausaufgaben gemacht. Das Angeln war das, was er mit dem Mann, den er kennenlernen wollte, gemeinsam hatte. Die Gespräche flossen locker vom Angeln und den besten Angelplätzen zu anderen Sportarten und Hobbys – und unversehens, bei sich ergebender Gelegenheit, auch zu Geschäftlichem.

So ist es nun mal. Durch die Kultivierung unserer Fähigkeit, mit anderen zu sprechen, haben wir mehr vom Leben – mehr Freunde, bessere Geschäfte, mehr Beziehungen aller Art, die uns etwas bedeuten. Das ist eine Lektion, die ich als Kind lernte, wenn ich mit meinem Vater zu Tagungen der Papierindustrie nach Miami fuhr. Dort lernte ich, daß der Swimmingpool weniger zum Schwimmen als zum „Arbeiten" da ist.

Das Leben ist ein Austausch von Energie, und das Gespräch ist eine der besten Möglichkeiten, „Fangen" zu spielen. Wer es versteht, sich locker und angeregt zu unterhalten, ist einfach der bessere Spieler und hat mehr Spaß im Leben.

Erinnern wir uns

- Kommunikation ist eine Kunst und keine Wissenschaft.
- Wenn Sie Menschen mögen, haben Sie bereits die Hälfte des Weges zum Gesprächsprofi hinter sich.
- Die Fähigkeit, Gespräche zu führen, trägt zum persönlichen und beruflichen Erfolg bei.
- Belanglosigkeiten sind von größtem Belang.

2 Das Buffet der guten Unterhaltung

Das Buffet der guten Unterhaltung ist eine Selbstversorgerparty, kein Selbstbedienungsladen. Wir alle müssen einige gehaltvolle, lecker zubereitete, appetitanregende Happen mitbringen. Einige von uns bringen vielleicht den Braten und die Kartoffeln, andere das Gemüse, wieder andere die Vorspeisen, die richtigen Desserts oder den Wein.

Das Buffet ist anregend, vielfältig und sättigend, weil jeder etwas anderes mitbringt. Beteiligen wir uns, so werden wir satt. Spielen wir aber nur Zaungast oder langen wir nicht zu, weil wir nichts mitgebracht haben, so haben wir keinen Anteil an Geselligkeit, Informationsaustausch, Ideen und Gelächter, die Bestandteil eines guten Gesprächs sind.

Ein Selbstversorger-Buffet bietet eine Fülle von Möglichkeiten. Unsere Unterhaltung kann die anderen „auf den Geschmack bringen", etwas zum besten zu geben (oder jemanden zum besten zu halten).

In diesem Kapitel beschäftigen wir uns mit dem Planen und Vorbereiten unseres Beitrags zur Selbstversorger-Unterhaltung. Es gibt unendlich viele köstliche Gerichte – und man kann sie an unvermuteten Stellen finden.

Professionell daneben

Ich höre oft, daß jemand sagt, sein Gesprächsgeheimnis sei, viele Fragen zu stellen und den anderen von sich erzählen zu lassen. Denn schließlich sei das ja jedermanns Lieblingsthema. Diese Ansicht ist besonders unter Vertretern verbreitet, die auf Seminaren den „Fragemodus zur Bedarfsermittlung" als Form des Gesprächs eingebleut bekommen haben. Ein solches „Gespräch“ kann mich rasend machen, denn:

- es funktioniert nicht
- der Gesprächspartner wird manipuliert
- es hat einen falschen Unterton („Ich bin nicht wirklich an dir interessiert; ich will nur die Fakten, damit ich meinen Abschluß besser hinbekomme.“)
- es vermittelt dem Gesprächspartner statt einer Unterhaltung eher das Gefühl eines Verhörs, und das ist einfach nicht akzeptabel

Chandler Tagliabue ist Vizepräsidentin eines gemeinnützigen Verbandes, der mit Hilfe von Freiwilligen die Häuser einkommensschwacher Familien renoviert. Zusammen mit Ehemann Paul, dem Beauftragten der National Football League, nimmt sie landesweit an Veranstaltungen teil.

„Ich habe es so satt, immer und immer wieder auf dieselben Fragen antworten zu müssen, von denen die Leute annehmen, daß es meine Lieblingsthemen sind“, sagt sie. „Es gibt so viele Themen, die mich interessieren. Ich kann meine Geschichte nicht mehr hören! Es ist immer erfrischend, wenn ich mal die Gelegenheit habe, mit Leuten zu sprechen, die etwas aus sich herausgehen und gerne auch über andere Themen sprechen.“

Lorraine Ferrarese war ebenfalls frustriert von einer neuen Bekanntschaft, die sich eher wie ein Inquisitor verhielt: „Ständig habe ich sie vor der Nase, und sie fragt mir ein Loch in den Bauch. Manche halten das vielleicht für ein Zeichen von Interesse; ich nicht! *Sie wartet nie die Antwort ab, und schwupps ist sie schon bei der nächsten Frage.*“

Der Verlagsleiter von Harper Collins in San Francisco, Mark Chimsky, ist ein phantastischer Gesprächspartner. Hat er einmal eine Frage gestellt, so wartet er auf die Antwort und hört zu. „Ich glaube, es ist wichtig zuzuhören, die kleinen Signale wahrzunehmen, die im allgemeinen ausgesendet werden, und sie zu nutzen, um jemanden in einen aktiven Austausch zu verwickeln. Es macht mir Spaß, unvermutete Gemeinsamkeiten herauszufinden, und wenn wir gegensätzlicher Ansicht sind, ausfindig zu machen, warum das so ist."

Mark ist ein Könner beim Aufbau einer Unterhaltung. Was aber ist mit uns? Woher wissen wir, was wir zum Buffet mitbringen sollen? Wo bekommen wir die Zutaten? Und wo war doch gleich das Kästchen mit den Rezepten?

Wie man ein Buffet plant

Wenn wir zu einer Selbstversorgerparty eingeladen sind, so überlegen wir uns, welches Gericht wir mitbringen wollen, bevor wir uns auf den Weg machen. Täten wir das nicht, so würde sich jeder in letzter Minute etwas aus dem Regal schnappen, und der Tisch wäre eine Halde von Chips und Dips. Und das wollen wir für unsere Unterhaltung auch nicht.

Im voraus zu planen erlaubt uns, bessere Gerichte aufzutragen und uns damit sicherer zu fühlen. Hier sind vier Dinge, wie Sie Ihren Beitrag vorbereiten können:

Die Vorbereitung

1. Planen Sie drei Themen oder Geschichten, die Sie zum besten geben wollen.
2. Legen Sie sich vier nicht zu komplizierte Fragen zurecht.
3. Beziehen Sie sich auf die Tagespresse, eigene und fremde Erfahrungen, aktuelle Ereignisse, Bücher, Sportereignisse und Filme.

4. Überlegen Sie sich selbst alles im einzelnen sowie die damit verbundenen weiterreichenden Fragen, und wie Sie dazu stehen.

Wenn alles andere versagt, gibt es eine Frage, die immer Interesse weckt und ein gutes Gespräch einleitet:

Wenn Sie jetzt gerade etwas anderes tun könnten, was würde das sein? Warum?

Die Antwort darauf vermittelt Ihnen nicht nur einen tiefgehenden Einblick in Ihren Gesprächspartner, sie kann auch zum Mittelpunkt des ganzen Abends werden.

Die Grundzutaten: Was interessiert Sie?

Was wir tun, wissen, beobachten, denken und in Frage stellen ... was wir einzigartig, erstaunlich oder informativ finden, das sind die Unterhaltungshappen, die unseren Appetit am meisten wecken.

Wir alle haben unterschiedliche Geschmäcker und Interessen, genauso wie wir unterschiedliche Vorlieben beim Essen haben. Einige dieser Geschmäcker sind uns angeboren, andere wurden uns anerzogen, oder wir haben sie uns durch unsere Neugier angeeignet (letzteres war bei mir der Fall mit japanischem Aal).

Wir werden mit Sicherheit am liebsten über unsere Leibspeisen sprechen und auch am besten darüber informiert sein. Das kann unser Gespräch für andere faszinierend machen, doch kann es auch total daneben gehen, wenn wir nicht auf die Geschmäcker und Neigungen der anderen eingehen. Nicht jeder mag Aal; ich kann ihn also auftischen, muß aber im Bedarfsfall etwas anderes in Reserve haben.

Der Kostprobenteller

In manchen Feinschmecker-Restaurants gibt es so etwas wie einen „Buntes Allerlei"-Teller oder ein „Internationales Gourmetmosaik" mit kleinen Kostproben aus Fleisch, Fisch und Gemüse für jene, die Vielfalt mögen, sich nicht gerne auf einen bestimmten Geschmack festlegen oder einfach nur eine kleine kulinarische Weltreise machen wollen. Das Gespräch ist eine großartige Gelegenheit, das Leben anderer zu „probieren", herauszufinden, was ihnen die Welt in dieser Woche zu bieten hat und eine kleine Kostprobe von allem zu bekommen. Über drei Viertel der Meister des guten Umgangs, die ich im Laufe der Jahre befragt habe, sagten mir, daß sie sich auf geschäftliche und gesellschaftliche Begegnungen freuten, weil die Menschen dort so viel zu bieten haben. *Sie sehen im Austausch mit anderen die Chance, Neues zu lernen.*

Vergessen Sie nicht, daß auch Sie zu denen gehören, auf deren Gesellschaft man sich freut und nicht die Menge das Gelingen eines Selbstversorgerbuffets ausmacht, sondern die Qualität. Überlegen Sie sich vorher, welche appetitlichen Happen und Leckerbissen Sie in die Unterhaltung einbringen wollen, und seien Sie dabei großzügig. Vergessen Sie auch nicht, das von den anderen Mitgebrachte zu genießen, und nehmen Sie sich vielleicht sogar etwas davon mit nach Hause.

> Worte sollte man wiegen und nicht zählen.
> (Beobachter bei den Wahlen in Israel)

Spontane Themen

Jede Unterhaltung dreht sich um unser Leben, unseren Alltag, und der Stoff geht darum nie aus: Soweit das Auge reicht, gibt es Geschichten und Anekdoten für faszinierende Gespräche. Unser Datenzugriff auf alle diese amüsanten oder bewegenden Ereignisse ist schneller als der beste Computer, ja, er ist im Grunde unbegrenzt. Wie sonst wären diese unvermuteten Zufallsfragen einzuordnen? Oder der Geruch von Großmutters Weihnachtsstollen, ihres Apfelstrudels oder ihrer Lauchsuppe? Wir haben gelegentlich unsere Aussetzer und Erinnerungscrashes, aber wir haben einiges mehr an Bytes als man für Windows 98 braucht.

Erinnerung: ein Prozeß in vier Schritten

Wie können wir uns besser an interessante Ereignisse, Momente und Geschichten erinnern? Versuchen Sie es einmal mit dem Vier-Punkte-System:

1. *Konzentrieren Sie sich* auf das, was Sie soeben gesehen und gehört haben. Gehen Sie es noch einmal in Gedanken durch.
2. *Schreiben Sie es auf.* Viele bekannte Entertainer führen ein Logbuch, in das natürlich keine Fertigwitze oder Leihgeschichten kommen, sondern eigene Beobachtungen von täglichen Ereignissen – im Taxi, mit dem Hotelpersonal, Kunden usw. Indem sie es aufschreiben, bekommen sie die Sicherheit, daß sie es nicht vergessen.
3. *Lesen Sie sich Ihre Notizen durch.*
4. *Üben Sie diese Geschichten* im Gespräch mit Freunden, Verwandten oder auch vor dem Spiegel.

Der Pointenschatz der Profis

Legen Sie sich ein kleines Notizbuch an. Es ist der billigste und bedienerfreundlichste Safe für Ihren Schatz und paßt in jede Hosen- oder Handtasche.

Wenn Sie auf etwas Interessantes stoßen, das es wert ist, aufgezeichnet zu werden, schreiben Sie sich das Datum, die Beteiligten und die Schlüsselworte auf, die den Kern der Sache einfangen. Spielen Sie Privatreporter mit allem Drum und Dran: Wo, wann, wer, was und warum?

Dann notieren Sie die Pointe, das, was überhaupt Ihr Interesse geweckt hat. War es feinsinnig, ergreifend oder lustig? Wer sagte was? Was hatte die Bemerkung verursacht, und was löste sie aus? Bitten Sie um Erlaubnis, das zum besten zu geben und zu sagen, woher es stammt. Wer würde mit Nein antworten, wenn Sie fragen: „Das war brillant. Darf ich das aufschreiben und sagen, von wem das ist?"

Authentizität durch Quellenangabe

Gesprächsprofis beziehen sich auf Quellen und geben Ehre, wem Ehre gebührt. Man vergibt sich nichts, wenn man sagt:

- „Ich habe neulich etwas Hochaktuelles in einer Rede von Roosevelt aus dem Jahre 1938 gelesen. Er hatte damals bereits die revolutionäre Idee ..."
- „Unser Fünfjähriger machte gestern eine lustige Bemerkung, als er vor dem Computer saß ..."
- „Angeblich ist Michael Schumacher nicht nur am Steuer fix; er soll neulich bei einem Interview auf eine etwas kecke Frage geantwortet haben ..."
- „Was, Sie machen auch Fleckerlteppiche?! Ich war gerade letztes Wochenende bei einer Ausstellung."

Angemessene Quellenangaben zeigen Stil und Integrität. Es fällt immer ein Abglanz auf uns zurück, wenn wir andere ins rechte Licht rücken.

Die richtige Gangfolge

Wie eine Selbstversorgerparty ist eine Unterhaltung ein fortschreitender Prozeß. Wir gehen Gericht um Gericht vor, Thema um Thema.

Der Übergang von der Vorspeise zum Salat wird durch die Gabel auf dem leeren Teller signalisiert. In einem Gespräch gibt es nicht immer solche eindeutigen Signale, wann es Zeit ist, zum nächsten Thema überzugehen. Wir müssen dazu unsere Augen und Ohren offen und unsere Antennen ausgefahren halten, um Körpersprache und Minenspiel zu registrieren; es ist eine Kunst zu wissen, wann ein bestimmtes Thema oder ein Gespräch seinem Ende zugeht. Die wahren Gesprächskapitäne steuern die Unterhaltung an allen Klippen der Verlegenheit vorbei, wobei sie sich gerne der folgenden Formeln und Tips bedienen:

Locker durch die Lücken

Diese Zauberformeln, Antworten und Floskeln schlagen Brücken und legen den Grundstein für das nächste Gespräch. Manche von ihnen sind auch nützlich, um einen Bogen zu schlagen oder schwierige Gesprächspartner abzulenken.

- „Daran hatte ich nicht gedacht. Wie kommen Sie darauf?“
- „Das ist eine ganz neue Perspektive.“

- „Das erinnert mich an ...“
- „Herr/Frau XY (eine bekannte Persönlichkeit oder jemand, den Sie beide kennen) würde sagen ...“
- „Wie interessant! Ich würde gerne mehr darüber wissen.“
- Und das jederzeit passende „Erzählen Sie mir mehr darüber!“

Paracelsus und die Plätzchen

Dem mittelalterlichen Arzt Paracelsus wird der Spruch zugeschrieben, die Menge mache, daß ein Ding ein Gift sei oder nicht. Das gilt gleichermaßen für Medikamente, Schokoladenplätzchen wie für die Unterhaltung. Die Regel der goldenen Mitte hat überall Gültigkeit. Wenn man vor lauter Schokostückchen das Plätzchen nicht mehr schmecken kann, ist der Genuß ebenso getrübt, wie wenn man so viel in eine Unterhaltung hineinpackt, daß der andere überwältigt ist. Man soll gewiß nicht kleinlich sein, aber zu viel des Guten ist eben nicht das Gute.

In ihrem Buch *The Givers and the Takers* bezeichnen Chris Evatts und Bruce Feld die echten Gesprächspartner als Geber von Worten. Sie gehen großzügig mit ihren Mitteilungen, ihrer Energie und sich selbst um, die „Schwaller“ dagegen bombardieren uns mit ihren Schokostückchen, während die Nehmer die ihren horten, bis sie alt und ranzig geworden sind.

Sprache muß auch nahrhaft sein

Vielleicht sind Vitamine und Mineralstoffe, Proteine und Kohlenhydrate das letzte, woran man denkt, wenn man zu einer Selbstversorgerparty geht. Aber nach einem Sechs-

Gänge-Menü, bestehend aus Mandelplätzchen und Sachertorte, sind wir vielleicht doch etwas erschöpft.

Handlung ist das Nahrhafte in unseren Worten. So wie Eliza Dolittle in „My Fair Lady“, sind wir versucht zu singen „Worte, Worte, Worte – nichts als leere Worte“, solange diese nicht von Handlungen getragen sind. Worte sind wichtig; sie können inspirieren, verärgern, verlegen machen oder loben. *Verhalten aber, das die Worte nicht unterstützt, untergräbt sie*.

Wenn positive, muntere, energievolle Worte auf der Gefühlsebene falsch klingen, so sind sie das wahrscheinlich auch. Ganz gleich, ob es sich um einen Kunden oder Mitarbeiter, um Bruder, Schwester oder Freund handelt, seien Sie vorsichtig wie bei einer Speise, die bei Ihnen eine Magenverstimmung oder Allergie hervorruft. Vertrauen Sie *auf Ihre innere Stimme*; so vermeiden Sie Verstimmung.

Ganz genauso sollten wir darauf achten, daß unsere Worte „es in sich haben“, voller Nährstoffe der guten Absicht sind und zugleich gegründet in unserem Verhalten.

Deftiges

Vorsicht: Deftiges hat etwas mit Würzen zu tun. Rutscht einem dabei die Hand aus, so kann das beste Essen ungenießbar werden; auch hier ist Fingerspitzengefühl angebracht. Für manche ist kein Thema tabu. Für andere sind es viele. Das Buffet der guten Unterhaltung verträgt gewiß ein bißchen Pfeffer und Paprika, aber hier und da eine kleine Prise ist meist ausreichend. Es ist wie überall im Leben: Vielfalt bereichert und verhindert Einseitigkeit. Eine anregende Unterhaltung schließt Fragen, Ausrufe der Begeisterung, Information und Zuhören ein. Jede dieser Zutaten hat ihren eigenen Ton.

Die Kunst liegt in der richtigen Mischung, die uns auch davor bewahrt, als Gesprächspartner in eine bestimmte Themenschublade gesteckt zu werden.

Der perfektionistische Maulkorb

Manchmal hemmen wir den Fluß unserer Unterhaltung, weil wir wollen, daß alles sitzt, paßt und glänzt. Wir wollen tiefsinnig sein. Wir wollen grammatikalisch perfekt sein. Kurzum: Wir wollen es so gut wie möglich sagen. Während wir so auf die Perfektion warten, bleiben wir stumm ... und verpassen Gelegenheiten.

Gute Konversation ist ein interessanter Austausch, der tiefgründig und anregend, witzig und informativ sein, und uns sogar zu Handlungen inspirieren kann. Niemals aber ist sie *perfekt*. Es gibt in der Unterhaltung keine Perfektion, denn es gibt keine Meßgrößen dafür. Das Gespräch ist als lebendiges Kunstwerk ständig *im Werden*.

Taktvolle Gesprächspartner verbessern andere nicht, nicht im Privaten und schon gar nicht in der Öffentlichkeit.

Wir tun alle unser Bestes, und keiner von uns ist vollkommen. Sind Sie einmal verlegen, weil Sie sich bei einem Wort oder einer Anwendung nicht im klaren sind, so bringen Sie das in Erfahrung, damit Sie Ihre Einsichten, Fragen und Lebensfreude im Gespräch mitteilen können.

Das Arbeitsessen

Gespräche bei Arbeitsessen sollten einen Kern haben, dabei aber genügend locker sein, damit auch über Privates gesprochen werden kann. Wenn wir uns zu einem Arbeitsessen entschließen, so gehen wir stillschweigend davon aus, daß das Feuilleton den Vorrang vor dem Leitartikel hat. Sonst sollten wir das Treffen in einem Büro, per Telefon oder Internet ansetzen. Vergessen Sie nicht, daß immer Zeit sein sollte, um sich auszutauschen und Beziehungen auf- und auszubauen. Das ist zunehmend der Stoff, aus dem Geschäfte gemacht sind.

Wie überall sind auch hier Vorbereitung und Planung der Schlüssel. Gehen Sie nach dem folgenden Sechs-Punkte-Plan vor, damit Ihr Arbeitsessen zu einem Erfolg wird:

RoAnes 6-Punkte-Plan für ein erfolgreiches Arbeitsessen

1. Bereiten Sie sich vor.
2. Wer sind die Gäste?
3. Lesen Sie deren Firmenbroschüren und Finanzberichte.
4. Bereiten Sie das Gespräch vor: Ein Mix aus Beobachtungen, Fragen, Einblicken, Anekdoten und Branchenklatsch.
5. Zuhören, zuhören, zuhören.
6. Antworten Sie zum Thema. Vergessen Sie die Etikette und die Regeln des guten Umgangs nicht.

Wann schneidet man den Braten an?

Wann ist es Zeit, von den Artigkeiten und Vorspeisen zur Hauptmahlzeit überzugehen? Das hängt ganz von Ihrem Gast oder Kunden ab. Meistens nimmt man sich den „Gesprächsbraten“ vor, wenn man den Hauptgang hinter sich hat. Bei einem zeitlich sehr eingespannten Gesprächspartner, der sich insgesamt nur knapp anderthalb Stunden für den ganzen Anlaß nehmen will, müssen Sie den

Menüplan allerdings etwas straffen. Auch hier ist es wichtig, sich auf den anderen einzustellen, auf verbale und nichtverbale Zeichen zu achten und darauf zu reagieren.

Am Eßtisch gibt es kein fünftes Rad am Wagen

Sind bei einem Mittag- oder Abendessen mehrere Gäste anwesend, so müssen wir sie alle einbeziehen, indem wir sie ansehen und mit ihnen sprechen. Haben wir nur Augen für unser Gegenüber und schließen unsere Tischnachbarn aus, so ist das kein dem Anlaß dienliches Verhalten.

Wenn Ehepartner am Essen teilnehmen, so beziehen wir sie selbstverständlich ebenfalls in die Unterhaltung ein und geben ihnen zu verstehen, daß sie alle willkommen sind.

Gastgeber sein

Die richtige Einstellung wird Sie durch alle Fährnisse geleiten und Ihnen bei allen aufkommenden Fragen helfen. Ob Konversation oder Bad in der Menge – es ist nie falsch, sich als wirklicher Gastgeber zu verhalten.

Die erste Aufgabe des Gastgebers ist die, daß er dem anderen seine Befangenheit nimmt. Wir können eine Beziehung durch ein Gespräch und Interesse für unsere Gäste aufbauen. Woher kommen sie? Wo sind sie zur Schule gegangen? Was sind ihre Interessen außerhalb der Arbeit? Haben sie Kinder? Was hat sie hierher verschlagen?

Dieselbe Information können wir ihnen über uns geben. Man macht Geschäfte mit Menschen, die man kennt, schätzt und denen man vertraut – und die Unterhaltung ist der Kern jeglichen Kennenlernens.

Als Gastgeber fällt einem vielleicht auch die Aufgabe zu, die Zusammenkunft zu organisieren. Falls Sie das Restaurant auswählen müssen, nehmen Sie eines, das für Unterhaltung und Geschäft geeignet ist.

Ein Bekannter, der Werbemanager in San Francisco ist, erzählte mir, er sei aus genau diesem Grund Mitglied des San Francisco City Club geworden. „Früher brachte ich meine Klienten immer in ein bekanntes Restaurant im Bankenviertel, wo ich mich aber stets an dem etwas kühlen Empfang gestoßen hatte“, sagte er. „Die Begrüßung war lau, und ich hörte nie ein Wort, daß man mein regelmäßiges Kommen geschätzt hätte. Obwohl ich dort zwei- oder dreimal im Monat aß, schien mich niemand zu erkennen. Sei's drum! Im City Club werde ich mit meinen Gästen freundlich begrüßt, und die Atmosphäre eignet sich bestens für Geschäfte. Speisen und Bedienung sind sehr gut, alles wird mit Diskretion behandelt, und es gibt nach dem Essen keine die Stimmung störende Rechnung auf dem Tisch.“

Manche Gastgeber können derlei Überlegungen nichts abgewinnen. Mike, Partner in einem großen amerikanischen Finanzberatungsunternehmen, hält sich beispielsweise nicht an diesen Rat. Er sagte mir, er habe sich nie viel Zeit für Plänkeleien genommen; sein Vokabular zur Strategie bei Geschäftsessen kam direkt vom Sportplatz: Da wurden Abschlüsse reingedonnert, Wettbewerber abgeschmettert, Punkte eingeheimst. Dabei ist natürlich immer ein Verlierer im (oder eher aus dem) Spiel. Einfühlsame Gastgeber wollen keine „aus dem Felde geschlagenen Gegner“. Mikes Verhalten erfüllte wohl „seinen“ Zweck, aber es entsprach nicht immer dem Stil seiner Kunden. Die besten Gastgeber achten auf Signale von ihren Gästen.

Rauchen – ein brenzliges Thema

„Rauchen oder Nicht-Rauchen?“, das ist heute mehr denn je die Frage. Vielerorts ist das Rauchen in der Öffentlichkeit verboten, Raucher müssen sich manchmal in eigens für sie reservierte Räumlichkeiten zurückziehen. Die Entscheidung „mit oder ohne“ fällt Ihnen aber gelegentlich immer noch zu. Als aufmerksamer Gastgeber fragen Sie: „Möchten Sie gerne rauchen?“

Sind Sie selbst Nichtraucher, könnten Sie bei einem Geschäftsessen fragen: „Würde es Ihnen etwas ausmachen, wenn wir im Nichtraucherbereich sitzen?“

Was aber, wenn der Gast oder Kunde Raucher ist? Sollte man aus seinem Herzen eine Mördergrube machen? Ich habe schon mitbekommen, daß das Problem taktvoll so gelöst wurde: „Ich habe etwas empfindliche Augen. Wäre es Ihnen recht, wenn wir uns zu den Nichtrauchern setzen?“

Ob Sie Raucher oder Nichtraucher sind – die Frage, ob bei einem Geschäftsessen geraucht wird oder nicht, ist sehr persönlich. Mit etwas Fingerspitzengefühl findet man die goldene Mitte zwischen Höflichkeit und Toleranz. Topmanager – rauchende wie nicht-rauchende – haben sich nicht durch die Scherben nach oben gearbeitet, die sie im Porzellanladen hinterlassen haben.

Möglicherweise erfahren Sie ja auch, daß Ihr Kunde wie Sie selbst ein Zigarrenliebhaber ist. Gehen Sie in solchen Fällen einfach in ein Restaurant, das als kleine Aufmerksamkeit nach dem Essen eine Zigarre reicht. Das ist im übrigen kein Tip, der Frauenrechtlerinnen auf die Palme treiben könnte, denn es soll ja mittlerweile auch eine große Anzahl weiblicher Zigarrenraucher geben.

Worauf es immer ankommt: *Seien Sie aufmerksam, rücksichtsvoll und vorbereitet*. Das gilt nicht nur für Geschäftsessen, sondern für jede gute Unterhaltung. Bei privaten gesellschaftlichen Ereignissen gibt es gewöhnlich bestimmte

Regeln und Räumlichkeiten für das Rauchen. Wenn in einem Raum niemand raucht, so seien Sie nicht der oder die erste, der/die sich eine Zigarette ansteckt, ohne vorher den Gastgeber oder die Gastgeberin zu fragen.

RoAnes Rezept aus dem Konversations(koch)buch

Als ich eines Morgens über die Golden Gate Bridge fuhr, hatte ich eine gute Idee für ein Gesprächsrezept. Dazu benötigen Sie folgendes:

Grundzutaten und Zubereitung

- Schöpfen Sie aus Ihrem reichen Wortschatz.
- Fügen Sie eine positive Einstellung und Ehrlichkeit hinzu.
- Vermischen Sie alles mit dosierter Energie, je nach Gast und Laune.
- Hören Sie in der Zwischenzeit zu, und halten Sie sich mit Urteilen zurück.
- Fügen Sie kleine Pausen ein.
- Spicken Sie das Ganze mit positiven Anmerkungen, und lassen Sie es eine gute Weile köcheln.
- Mischen Sie in regelmäßigen Abständen Fragen unter.
- Vermeiden Sie unbedingt, Reste früherer Probleme aufzuwärmen und auf den Schwächen und Nerven Ihrer Gesprächspartner herumzuhacken.
- Rühren Sie immer wieder freundliche Bemerkungen unter.
- Fügen Sie ein Lächeln hinzu.
- Schlagen Sie konkrete Schritte vor.
- Lassen Sie alles garen, ohne ständig zu rühren.
- Würzen Sie nach Geschmack.

Erinnern wir uns

- Zu einem Buffet der guten Unterhaltung muß jeder einen Gesprächshappen mitbringen.
- Nur Fragen zu stellen zählt nicht als Beitrag; auch ist es nicht sehr bekömmlich.
- Unsere Erinnerungskapazität braucht nicht nachgerüstet werden.
- Tragen Sie Ereignisse, Geschichten, Witze und Ideen in ein Notizbuch ein.
- Geben Sie Ihre Quellen an; Ehre, wem Ehre gebührt.
- Legen Sie sich drei Themen und vier Fragen allgemeiner Art zurecht.
- Die Grundzutaten der Konversation sind Wörter und Sätze. Geben Sie ihnen zusammen mit Klang und Gesichtsausdruck, verschiedener Stimmlage, Betonung und Sprechtempo Ausdruck.
- Mischen Sie Wörter und Sätze gut durch, und Sie haben die Grundzutaten für ein gehaltvolles Gespräch und ein Erfolgsrezept.

3 Das Geheimnis der Gesprächsprofis

Gesprächsprofis sind Menschen, denen Konversation Spaß macht und die sie beherrschen. Mit solchen Menschen ist man gerne zusammen; sie sind stets unterhaltsam und erfolgreich – zumindest teilweise deswegen, weil sie verstehen, eine Unterhaltung zu führen.

Um hinter ihr Geheimnis zu kommen und ihre besten Erfolgstips zu erhalten, stellte ich einen Fragenkatalog zusammen und sandte ihn an die mir bekannten Gesprächsprofis: Freunde, Kollegen, Kunden, Bekannte, Partner und sogar an einen früheren Verehrer.

Dieses Kapitel handelt von dem, was sie tun und wie sie es tun.

Belangloses gibt es nicht

Auffallend bei den Antworten war jegliches Fehlen abschätziger Bemerkungen zum sogenannten Small talk, den „Belanglosigkeiten des Alltags“. Kein einziger stellte seine Berechtigung in Frage oder griff ihn als wertlos oder bedeutungslos an. Im Gegenteil: Jeder Gesprächsprofi schrieb, daß das Ausfindigmachen von gemeinsamen Interessen und die Unterhaltung darüber ein Mittel sei, ein Gespräch in Fluß zu halten. Das Wetter, die Verkehrsstaus, der Vortragsredner oder die Büroausstattung des Kunden sind nicht trivial; sie können der Ausgangspunkt eines gehaltvollen Gespräches sein, bei dem der andere sich wohlfühlt. Es ist ein Mittel zum Aufbau von Beziehungen.

John Marks, der Leiter des Messe- und Kongreßbüros in San Francisco, der zugleich ein wundervoller Gesprächspartner ist, schrieb, daß diejenigen, die den Zweck von Small talk verstehen, es auch gut machen, weil sie diese Kunst einfach mögen.

Was ist der Stoff, aus dem Topmanager und andere Führungspersönlichkeiten gemacht sind? Unter den sieben Führungsqualitäten, die das amerikanische Wirtschaftsmagazin *Performance* ermittelte, stand die Kunst der Kommunikation an erster Stelle.

Das Wesen des Erfolgs

Was meine Gesprächsprofis sonst noch gemeinsam hatten, war, daß sie ihren Erfolg ihrer Fähigkeit zuschrieben, sich zu unterhalten und zu kommunizieren. Ganz gleich, ob Firmenchef, Lehrer, Gewerkschaftsboß, Priester, Prediger, Wissenschaftler oder Manager, Innen- oder Außendienstler – alle führten ihren Erfolg auf ihre Geschicklichkeit im Gespräch zurück. Und das betraf nicht nur ihren geschäftlichen Erfolg, sondern auch ihren privaten; sie berichteten, daß ihr Konversationsgeschick ihnen bessere und erfüllendere Beziehungen beschert habe, mehr Freunde, mehr Aktivität, einen höheren soziales Status sowie Einladungen, Dinge zu tun, die ihnen Freude bereiteten.

Das macht Sinn. In seinem Bestseller *Emotionale Intelligenz* beschreibt Daniel Goleman die Grundeigenschaften von Menschen, deren Stärken nicht in Eignungs- oder Intelligenztests zum Vorschein kommen. Es sind äußerst liebenswürdige Menschen mit ungekünstelter Selbstsicherheit und der besonderen Fähigkeit, anderen ihre Befangenheit zu nehmen. Sie tauschen sich leicht mit anderen aus und haben ihre Emotionen im Griff. Dazu sind sie Meister der Unterhaltung.

Bill Newton, Chef der Norcal Versicherungsgruppe, meint, daß verbale Kommunikation das Schlüsselelement zum Vermitteln neuer Konzepte oder Strategien ist. Und in persönlicher Hinsicht höchst nützlich zur Erweiterung des Horizonts und zur Begegnung mit Menschen.

Gesprächsprofis wie P. J. Livingston, leitender Vizepräsident eines anderen Versicherungsunternehmens, können mit ihrem Lächeln einen Raum erhellen. Ihr Lachen ist ansteckend, ihr ganzes Verhalten herzerfrischend. Es ist ihnen ernst mit dem, was sie tun, aber ihr Ernst hält sich in Grenzen, vor allem, wenn es sie selbst angeht. Jeder von ihnen – so Linda Mantel, Vizepräsidentin von Wilson Learning – vermittelt das Gefühl, sich „in seiner Haut wohlzufühlen". Carolyn Layne, Vizepräsidentin von TeleTV, stellt bei ihnen ein hohes Selbstwertgefühl fest. Sie scheuen sich nicht davor, sich zu exponieren, weder beim Lacherfolg noch beim Fauxpas.

Zuhören allein reicht nicht aus für eine Unterhaltung. Deshalb geben Gesprächsprofis Antwort und leisten Beiträge. Al Walker, ein Vortragsredner und Verkaufstrainer, will herausgefunden haben, daß aufrichtige Menschen einen gegenseitigen, inhaltsreichen Austausch wünschen. Zuhörer sein ist also nicht genug – wir müssen beides sein.

> Wenn du kein Feuer in dir hast, wirst du gefeuert.
> (Vince Lombardi, Trainer)

Sinn für Humor

Arlynn Greenbaum, die Präsidentin der Vortragsagentur Authors Unlimited, empfiehlt: „Vergessen Sie den Humor nicht!" Sie hält sich daran. Sie hat immer eine lustige Geschichte oder ein komisches Ereignis parat, und wie bei vielen Gesprächsprofis ist stets ein Lächeln in ihrer Stimme.

Manche Gesprächsprofis erzählen Witze, andere nicht – aber alle bringen irgendwie etwas Humorvolles zum Ausdruck. Beck Gordon ist Eigentümerin von Awards on Stage, einer Gravuranstalt in San Francisco; ihr charmantes Lachen entwaffnet alle, die sich in ihrer Gegenwart befinden. Andere Menschen wiederum haben die Gabe, sich über sich selbst lustig zu machen.

Der redelustige Menschenfreund

Maggie Wilderotter, die Chefin von WINK Communications, ist der Ansicht, man müsse schlicht und einfach Menschen mögen, um ein guter Gesprächspartner zu sein.

Gesprächsprofis haben ein echtes Interesse an anderen Menschen. Pater Keenan, der Moderator der Unterhaltungssendung *As You Think* der Erzdiözese New York, sagt: „Ich mag Menschen und ihre Ideen und ihre Geschichten."

Evangeline Ysmael, eine freischaffende Journalistin, behandelt jeden mit Respekt, Freundlichkeit und Mitgefühl egal, ob sie sich davon ein Geschäft verspricht oder nicht. Es sei auch – so Dan Donovan, der Vizepräsident von Dean Witter – selbstverständlich für einen Experten in diesem Bereich, daß er aufmerksam zuhöre.

Gesprächsprofis sind generell enorm anregend und vermitteln einen Eindruck von Energie – sowohl beim Sprechen wie auch beim Zuhören.

Dr. Stanley Schainker, der Berater des Center for Creative Leadership in Greensboro, North Carolina, ist ein alter Freund. Er war Schulrat und Professor und leitet seit kurzem ein Programm zur Förderung von Führungsqualitäten an der Duke University. *Sein Geheimtip:* Hören Sie sorgfältig auf das, was gesagt und *nicht* gesagt wird, und halten Sie sich mit Werturteilen zurück.

Viele Gesprächsprofis waren von Natur aus schüchtern, es gelang ihnen aber, die Kunst der Konversation zu lernen. Sie sind gut informiert, so daß ihnen nie der Gesprächsstoff ausgeht. Die Autorin, Vortragsrednerin und Firmen-Imageberaterin Diane Parente sagt, sie lese eine Menge, „besonders die Tagespresse. Da ist immer was drin, worüber man sprechen kann."

Wie Rod Beckstrom, der Chef von CATS Software, haben Gesprächsprofis „vielseitige außerberufliche Interessen, auf die sie zurückgreifen können." Viele spielen Golf, Poker oder Tennis. Es gibt unter ihnen Konzertliebhaber, Angler, Jäger oder Segler. Am wichtigsten jedoch ist, daß *sie sich über das unterhalten können, was sie nicht tun, um so den anderen, der es tut, in ein Gespräch zu verwickeln.*

„Für einen Forscher" – so Dr. Michael Powell von der Firma Genentech, der sich auf AIDS spezialisiert hat – „kommt die Fähigkeit, Ergebnisse mitzuteilen, gleich nach der Forschung selbst". Powell bereist nicht nur die Welt und hält Vorträge, er liebt auch das Wagnis: Tauchen, Abenteuerurlaub und Sportfliegen. Er fühlt sich in der Tundra und im Smoking wohl oder als Hahn im Korb bei einer Frauenparty, zu der auch ich eingeladen war. Unter seinesgleichen vermeidet Powell das „Gerangel, das da so üblich ist."

Früh übt sich

Manche Gesprächsprofis wuchsen in Familien auf, in denen Tischgespräche gefördert wurden. Bei anderen, wie meiner Freundin Pam Massarsky, heute Beauftragte für Öffentlichkeitsarbeit des Lehrerverbands in Chicago, hieß es, sie sollten den Schnabel halten, weil der Vater nach einem harten Arbeitstag verständlicherweise seine Ruhe haben wollte. Pam kümmerte sich aber nicht um die Ermahnung und palaverte bei Tisch munter darauf los. Als Pultnachbarn in der sechsten Klasse schwatzten und schwitzten wir durch das Schuljahr, und ich bilde mir etwas darauf ein, meinen Beitrag zu den ausdrucksvollen, interessanten und von Lachen begleiteten Gesprächen und Vorträgen geleistet zu haben, die heute Tausenden von New Yorker Lehrern und letztendlich deren Schülern zugute kommen.

Die Gesprächskünstlerin Lois Vieira, Verwaltungsfachfrau und Lehrerin für Schwerhörige bzw. Taube, schreibt ihr Unterhaltungsgeschick der Aufmunterung durch ihre Mutter und Geschwister zu. „Mutter kommentierte oft eine Situation, wandte sich dann zu uns und sagte: 'Stellt euch vor, wie ihr euch fühlen würdet, wenn euch das passierte?' Sie erwartete dann auch, daß wir das tatsächlich taten und ihr Antwort gaben."

Lois spricht ihre Worte nicht nur, sondern gibt ihnen auch Ausdruck durch Gesten und bringt den Eltern von Schwerhörigen und Tauben die Zeichensprache bei. Sie ist eine erfolgreiche Vermittlerin auf mehreren Ebenen, eine aufmerksame Zuhörerin und eine gedankenvolle, interessante und witzige Gesprächspartnerin, die ihre Bemerkungen mit einem ansteckenden Lachen begleitet.

Sherris Goodwin, die Inhaberin einer Gastronomiefachschule, sagt, daß die Fähigkeit ihres Vaters, in keiner Lebenslage die Fassung zu verlieren, prägend für sie gewesen sei. „Er sah immer so aus, als mache ihm das Leben Spaß. Das habe ich ihm abgeschaut."

Sandra Lipkowitz ist Beraterin für Einkaufszentren und Franchise-Unternehmen. Als Einzelkind von Eltern, die oft den Wohnort wechselten, war Sandra immer die „Neue" in der Straße oder in der Schule. „Mich unterhalten zu lernen war ein Überlebensmechanismus, der immer weiter gedieh und meine Arbeit bereicherte, so daß ich heute leicht mit meinen Kunden ins Gespräch komme und ihnen ihre Befangenheit nehme."

Bildung vom Lande

Bei einem Kongreß in Palm Springs, zu dem ich als Vortragsrednerin eingeladen war, traf ich mit einer faszinierenden Frau zusammen, die ihren Erfolg als Vertreterin ihrem außerordentlichen Gesprächsgeschick zuschrieb und dieses ihrer Jugend auf einem Dorf in Montana.

Sie erzählte mir: „In Los Angeles, da ist alles so groß, und ich begegne so vielen Menschen, daß ich die vier oder fünf Konversationsprogramme, die ich geistig gespeichert habe, immer wieder abspulen kann. Mit jedem neuen Gesprächspartner ist es ein neues Gespräch. Aber dort auf dem Land mußte ich mich wirklich unterhalten lernen und etwas Tiefgang zeigen, denn da waren ja viel weniger Menschen, und die sah man die ganze Zeit. So hatten die Gespräche etwas mehr Gehalt und Bedeutung, und man mußte zudem ein guter Zuhörer sein."

Die beste Rolle – sich selber spielen

Es heißt oft: Sei du selbst; dann kann nichts schief gehen. Aber folgen Gesprächsprofis diesem Rat?

„Sei du selbst!" ist ein guter Rat, solange Sie nicht feststellen, daß sich die anderen immer entschuldigen und den Umgang mit Ihnen meiden. Wenn das der Fall ist, versuchen Sie doch einmal, jemand anderes zu sein. Prüfen Sie kritisch Ihre Art zu sprechen, Ihre Körpersprache und andere nichtverbale Mitteilungen (beispielsweise Ihren Gesichtsausdruck), damit Sie sich besser auf Ihre Umwelt einstellen können.

Achten Sie darauf, wie formell oder zwanglos eine Situation ist. Obwohl einige Gesprächsprofis sagten, sie sprächen mit Kollegen, Kunden und Vorgesetzten in derselben

Weise, gaben die meisten zu, daß im geschäftlichen Rahmen und in bestimmten Situationen eine gewisse Form zu wahren sei. (Ebenso wichtig ist Ihre Kleidung. Wenn Sie sich dem Anlaß entsprechend anziehen, fühlen Sie sich wahrscheinlich sicherer.) In einer Welt, wo es oft an Höflichkeit mangelt, können wir uns abheben, indem wir sie uns zu eigen machen.

> In deiner Heimatstadt zählt dein Ruf;
> in jeder anderen dein Gewand.
> (Talmud)

Die meisten sagten, sie seien „sie selbst", nur eine berichtete, sie nehme so wenig Rücksicht auf Konventionen, daß sie sich in bestimmten beruflichen Situationen „an die Kandare nehmen müsse."

Regeln der guten Unterhaltung:

Was man tut ...

- Die Zeit des anderen ist kostbar; seien Sie klar, kurz und kompetent.
- Lächeln Sie und haben Sie Humor.
- Erzählen Sie amüsante oder packende Anekdoten.
- Hören Sie zu und beobachten Sie.
- Entspannen Sie sich, teilen Sie sich mit, haben Sie Vertrauen.
- Vergessen Sie den Augenkontakt nicht.
- Genießen Sie das Leben, und andere werden Ihre Gegenwart genießen.
- Jeder hat etwas mitzuteilen. Konversation macht Freude, ist anregend und erbaulich.
- Höflichkeit ist jedermanns Zier.

Und was man tunlichst läßt

- Den anderen berühren, außer wenn Sie wissen, daß es passend ist.
- In ein unverbindliches Gespräch zu viele Details packen.
- Sich einmischen.
- Über kontroverse Themen wie Abtreibung, Rechtsradikalismus oder Sekten sprechen.
- Menschen ins Gespräch verwickeln, die sich seltsam verhalten.
- Lauschen und ins Gespräch platzen.
- Dem anderen keinen Raum lassen.
- Die Augen herumschweifen lassen, während man sich unterhält.
- Aufdringlich sein.
- Anderen sagen, daß sie nicht recht haben.

Planen, üben, vorbereiten

Gesprächsprofis bereiten sich vor; sie machen ihre Hausaufgaben, ganz gleich, ob sie zu einer Vorstandssitzung gehen, zu einem Kunden oder einem Treffen mit Kollegen. Maggie Wilderotter, Chefin von WINK Communications, sagt: „Ich arbeite daran, mich hinsichtlich geschäftlicher Herausforderungen, Ereignissen in der Branche und wichtiger aktueller Themen auf dem laufenden zu halten."

Larry Katzen, Geschäftsführer von Arthur Andersen in St. Louis (und mein Abschlußballpartner), rät denen, die selbstsichere Gesprächspartner werden wollen: „Planen, vorbereiten und zu der Einsicht kommen, daß der schlimmste Fall nur selten eintritt."

Ein langjähriger Bekannter, Carl LaMell, geschäftsführender Direktor von Clearbrook Center, hat die Gabe, sich mit Menschen aus allen Lebensbereichen zu unterhalten – und sagt, er übe mit sich selbst! Das tun tatsächlich viele. Geistiges Proben und Üben verhilft uns zum Erfolg. Wir müssen nur sicherstellen, daß unser Selbstgespräch und unsere Proben alle positiv sind.

> Kein Zunge spricht so schlecht von uns wie die eigene.
> (Volksmund)

Der Ton macht die Musik

Denken Sie an die ganz Großen der Wirtschaft, die Industriebarone von gestern und heute. Die Geschäftswelt hat heute vielerorts einen recht lockeren Ton; ganz oben weiß man jedoch um den Wert des richtigen Tons. Konversation und Benehmen in den Topetagen haben einen gewissen Stil.

Cheryl Niggle, Chef der Honolulu Zoological Society, schwört auf „Aloha", den Geist hawaiischer Gastlichkeit, und sagt: „Mit Höflichkeit und Freundlichkeit kommt man sehr weit. Ganz gleich, ob Ihre Konversation brillant ist oder nicht – Sie sind willkommen, wenn Sie ehrlich und zuvorkommend sind und andere mit Würde und Respekt behandeln."

Cheryl ist überzeugt, daß ihr Gesprächsgeschick ihrer Karriere die richtige Schubkraft gegeben und auch ihre Fähigkeit gesteigert hat, Förderer zu finden. Bei Veranstaltungen mit Kunden, Sponsoren, Freiwilligen und Spendern tut Cheryl alles, damit diese sich „geehrt und als etwas Besonderes fühlen – als Mitglieder der 'obana' (der hawaiischen Großfamilie)."

... und der Takt auch

Gesprächsprofis haben ein Gespür dafür, wann es angebracht ist, sich in den Mittelpunkt der Konversation zu rükken und wann, sich wieder unter die Zuschauer zu mischen.

John Marks, der Leiter des Messe- und Kongreßbüros in San Francisco, erteilt folgenden Rat: „Zeigen Sie Begeisterung, spinnen Sie eine gute Geschichte, aber reißen Sie nicht das Gespräch an sich!“ Sein heißer Tip: Lernen Sie, auf die unterschiedlichsten Menschen einzugehen!

Bei geschäftlichen Anlässen versucht Carl LaMell, möglichst vielen Menschen zu begegnen und mit ihnen zu sprechen. „Aber ich stehle ihnen nicht die Zeit. Wenn es wichtige Leute sind, müssen andere mit ihnen zusammenkommen können. Sie werden es schätzen, wenn Sie das einsehen und sich mit Anstand entschuldigen. Man kann hernach immer noch eine Karte schreiben.“ Als Chef der Victor Neumann Association brachte er der Organisation eine Steigerung ihrer Einkünfte von 2000 Prozent!

Was tun Führungskräfte, um Gesprächsprofis zu werden?

Sie:

- planen
- bereiten sich vor
- üben
- drängen sich nicht auf
- hören gut zu
- stellen gute, offene Fragen
- lächeln und sind freundlich
- sind ganz auf ihren Gesprächspartner konzentriert
- halten sich auf dem laufenden
- leisten einen sehr informativen Gesprächsbeitrag

Worüber Sonntagskinder sprechen

Worüber unterhalten sich männliche Führungskräfte? Bill Newton meint: „Die Leute sprechen über Geschäftliches und Persönliches (Schule, Unternehmen und Kinder)." Wenn Bill beispielsweise herausfindet, daß der andere auch einen Kriegseinsatz hinter sich hat, so schafft das eine unmittelbare Verbindung.

„Ich bin aber weniger an persönlichen Errungenschaften interessiert als an Wirtschaftsdingen, Konzepten, Weltereignissen und Politik. Was mich interessiert, ist der Austausch von Ansichten, Ideen und Wissen. Natürlich sprechen wir auch über Freizeitaktivitäten: Golf, Angeln, Jagen. Auf diese Weise lerne ich Leute über ihre Privatinteressen kennen. Und auch da stehen wir im Wettbewerb – wer fängt den ersten Fisch, den längsten, den schwersten? Das gehört alles zum Ausflug."

Was haben weibliche Führungskräfte zu erzählen? Frauen in Führungspositionen sind oft etwas Besonderes. Robin Bacci von der Firma R.A.B. Motors berichtete von ihrem Besuch in der „Schleuderschule", wo die Leiter der Niederlassungen alles darüber erfahren, wie man sich auf Glatteis verhält. Die Frauen schnitten besser ab als die Männer, weil „unser Trainer sagte, daß wir seine Anweisungen besser befolgten." Zuhören, lernen und die Bereitschaft, Anweisungen zu befolgen sind die Schnellstraßen zum Erfolg – und Frauen zeichnen sich darin aus.

Ein Gremium von weiblichen Führungskräften aus Seattle wandte sich an eine nationale Versammlung, bei der ich die Schlußrede zu halten hatte. Für sie stand fest, daß ihr Erfolg dadurch verstärkt worden war, daß ihre Kollegen (und Kolleginnen!) sie unterschätzt hatten! Wer glaubte, Frauen seien die Montagsserie der Menschheit, hatte sich getäuscht; hier saßen die Sonntagskinder!

Vier Grundregeln einer erfolgreichen Unterhaltung

1. Seien Sie nicht zu sehr von sich selbst beeindruckt; wir sind alle ersetzbar.
2. Bleiben Sie motiviert; was Sie tun, sollte Ihnen auch am Herzen liegen.
3. Engagieren Sie sich uneingeschränkt.
4. Kommunizieren Sie! Das heißt geben und nehmen.

(P.J. Livingston)

Die Lebensweisheiten, Einsichten, Wahrheiten, Kämpfe und Geschichten von Gesprächsprofis aus allen Lebensbereichen liefern die Information, Inspiration, Hoffnung und einen Spielplan für jene, die selbstsichere Gesprächspartner werden wollen.

Erinnern wir uns

- Gesprächsprofis fühlen sich wohl in ihrer Haut.
- Jeder Befragte schrieb seinen Erfolg der Gabe zur Unterhaltung zu.
- Niemand sprach abschätzig über Small talk.
- Sie lächeln, lachen und sind herzerfrischend.
- Gesprächsprofis mögen Menschen. Punktum!

4 Auch wenn Sie *nicht* schüchtern sind... lesen Sie trotzdem weiter

Dieses Kapitel ist randvoll mit Tips für eine entspannte, gewandte und flüssige Unterhaltung – ganz gleich, ob Sie schüchtern sind oder ob Ihnen daran gelegen ist, die Qualität Ihrer bereits ungezwungenen Konversation weiter zu verbessern.

Drei von vier der von mir befragten Gesprächsprofis bekannten, daß sie entweder früher *schüchtern gewesen seien oder es noch immer waren*. Schüchternheit war ein gemeinsamer Zug von außergewöhnlichen Gesprächskünstlern. Daran kann es also nicht liegen, wenn wir uns nicht unterhalten können, sei es zum Vergnügen oder zum Gewinn.

Der einzige Unterschied zwischen diesen erfolgreichen, erfahrenen Unterhaltern und künftigen Könnern ist der, daß erstere bereits ihre Schüchternheit abgelegt haben und wissen, wie sie bei ihren Gesprächspartnern ein warmes, positives Gefühl erzeugen. Die übrigen werden das jetzt gleich nachholen.

Dr. Christopher McCullough, der Verfasser von *Always at Ease*, sieht darin eine „antiphobische" Reaktion, mit der Menschen ihre Furcht ganz bewußt überwinden. Die Belohnung dafür, daß man seine Scheu durchbricht und ein Gesprächsprofi wird, ist der Mühe wohl wert: beruflicher Erfolg, persönliche Genugtuung und allgemeines Wohlbefinden. Dieses Kapitel befaßt sich damit, wie man diesen Schritt ins Ungewisse vollziehen kann. Es ist voller Tips für hochkarätige Konversation, die für Schüchterne und weniger Schüchterne gleichermaßen nützlich sind.

Schüchternheit ist keine Schande

Wenn Ihnen bei dem Gedanken an eine Party, Messe, Spendenaktion oder Versammlung unwohl wird, so *ist das ganz normal*! Nur jeder zehnte behauptet, niemals schüchtern zu sein. Nur Mut! Sie gehören zur Mehrheit und sind in guter Gesellschaft.

Viele berühmte und erfolgreiche Menschen waren – oder sind – äußerst schüchtern. Der frühere amerikanische Botschafter in Israel, Sam Lewis, sagte, daß der verstorbene israelische Premier, Yitzhak Rabin sehr schüchtern gewesen sei, eine Eigenschaft, die ihm fälschlicherweise oft als Kälte oder Desinteresse ausgelegt wurde.

Robin Bacci, die schüchterne Chefin von R.A.B. Motors, arbeitet in einer von Männern beherrschten Welt. Sie verrät ihr Geheimnis: „Es ist in Ordnung, wenn man seine Schüchternheit eingesteht, aber man sollte sich auch einmal vorstellen, daß man ein ausgezeichneter Gesprächspartner ist." Sie empfiehlt außerdem, daß man sich nach einem gesellschaftlichen Anlaß mit intensivem Austausch etwas Zeit für sich nehmen sollte, um aufzutanken. Höflichkeit sei ebenfalls stets angebracht. Robin lebt nach ihrem eigenen Rat. Ich begegnete ihr auf der einzigen Damentoilette bei Saks an der Fifth Avenue, und sie ließ mir den Vortritt.

Der klassische Fall, wie man klasse wird

Mein inspirierendster Fall von „Triumph über Schüchternheit" ist der Gesprächsprofi P. J. Livingston, der gesprächige, freundlich-zuvorkommende geschäftsführende Vizepräsident einer Ärzte-Versicherungsgesellschaft. P. J. Livingston wird in seiner Branche sehr geschätzt und oft als Experte zu Rat gezogen. Ich machte seine Bekanntschaft, als ich für Verkaufspersonal und leitende Angestellte seiner Firma ein Seminar gab.

P. J. ist so gesellig und gesprächig, daß man meinen könnte, er sei von Kindesbeinen an so gewesen. Weit gefehlt! Er sagt, daß er in frühen Jahren schrecklich schüchtern und gar nicht sehr mitteilsam gewesen sei. Angesichts des so augenfälligen Unterschieds zwischen damals und heute bat ich P. J. Livingston, mir seinen Fall als Beispiel für dieses Buch zu erzählen und im einzelnen zu berichten, was er getan hatte, um sich zu verändern – und wie die Veränderung sein Leben beeinflußte und zu seinem Berufserfolg beitrug.

P. J. ist fast 1,90 m groß und war immer sehr groß für sein Alter. Als wir uns in San Francisco begegneten, war er Anfang vierzig und Vizepräsident von Verkauf und Kommunikation (meiner Ansicht nach ein und dasselbe). Er war ziemlich neu in der Gegend; zuvor war er in Omaha und Michigan tätig gewesen, wo er als eines von zehn Kindern auf einer Farm aufgewachsen war.

P. J. meint, seine Größe habe etwas mit seiner Schüchternheit zu tun. „Man stellt gewisse Anforderungen an uns Große. Wir müssen uns schon als Kinder erwachsen und verantwortungsvoll verhalten – und manchmal fühlen sich die Leute durch unsere Größe ein bißchen eingeschüchtert oder bedroht. Das macht einen gehemmt, und es trug auch zu meiner Schüchternheit bei."

Obwohl P. J. auf eine sehr kleine Oberschule ging, gab es dort eine soziale Hierarchie: Da waren die Kinder der leitenden Angestellten und Unternehmer, dann die von den Bergwerksarbeitern und schließlich die von der Farm. Viel Zuwendung bekam er nicht auf der Farm. „Wenn man einer von zehn ist, rangeln alle um das größte Stück Aufmerksamkeit, und keiner kriegt einen richtigen Happen. Daher war es mit meiner Redseligkeit nicht weit her." Für P. J. war Schüchternheit eine „Behinderung, die nur durch die Teilnahme bei solchen Sportarten ausgeglichen wurde, wo Größe ein Plus war."

Sein Mathematiklehrer unterstützte ihn glücklicherweise und wurde ein „Mentor, der Qualitäten in mir sah, die ich selbst nicht wahrnahm. Er gab mir das Vorbild und das Vertrauen, das mir fehlte. Ich traf die bewußte Entscheidung, mich zu ändern und das Gespräch mit anderen zu suchen. Er glaubte an mich, und wegen seines Interesses und seiner Aufmerksamkeit wollte ich es ihm gleichtun."

Was P. J. Livingston tat (und noch tut), war, daß er Menschen beobachtete. Er beobachtete das Erscheinen, Auftreten, Verhalten und die Eigenarten derer, die selbstsichere und lockere Gesprächspartner waren. Er hörte denen zu, die er als Vorbilder betrachtete, und denen, die mit ihnen sprachen.

Im College wurde P. J. dann zum Vorsitzenden seiner studentischen Verbindung gewählt und sogar in den Vorstand der Studentenschaft. „Ich wurde aufgenommen, weil ich meine Schüchternheit überwand. Eine der Lektionen, die ich lernte, war, die Sachen gleich richtig anzupacken. Ich wollte nicht, daß irgend jemand so schlecht über mich dachte, wie ich es getan hatte. Um mich hervorzutun, entwickelte ich eine sehr starke Durchsetzungskraft."

Er habe immer noch mit seiner Schüchternheit zu kämpfen, sagte er mir, als wir in seinem luxuriös eingerichteten Büro mit Blick auf die Bucht von San Francisco saßen. „Als ich so auf der Farm aufwuchs, wußte ich, daß ich mir meinen Lebensunterhalt immer mit meiner Hände Werk verdienen könnte, aber ich wollte das nicht tun *müssen*. Da waren nur zwei mir bekannte Leute in der Stadt, die ein weißes Hemd trugen: der Bankdirektor und der Versicherungsmann. Mein Wunsch war, ein weißes Hemd zu tragen." Mit 23 war P. J. der Spitzenvertreter seiner Firma. Mit 43 war er leitender Vizedirektor für Werbung und Vertrieb. Er zog drei Lektionen aus seiner Zeit als schüchterner Student:

1. Die Überwindung von Schüchternheit ist eine Lebensaufgabe.
2. Wenn wir den anderen ihre Befangenheit nehmen, kommunizieren sie besser. Also lerne ich, passe mich an und strebe nach Verbesserung.
3. Wenn etwas beim zweiten Mal keinen Anklang findet, lasse ich es fallen.

Die Fähigkeit, sich zu unterhalten hat P. J. Livingston viele Türen geöffnet, sowohl in persönlicher wie in beruflicher Hinsicht. Als begieriger Leser, der sich bei einer Fülle von Themen auskennt, hat er sich bei den Organisationen seiner Branche, bei kommunalen Einrichtungen, bei den Aktivitäten und Teams seines Sohnes und in seiner Kirchengemeinde engagiert.

P. J. bemüht sich darum, daß andere sich in seiner Gegenwart wohlfühlen, besonders Menschen, die kleiner als er sind. (Mit meinen knapp 1,50 m weiß ich das zu schätzen.) Er kommt oft früh zu Sitzungen, so daß er bereits sitzt, wenn die anderen hereinkommen. Bei einer Konversation im Stehen wahrt er die nötige Distanz zu seinem Partner, so daß er diesen nicht überragt, ohne aber deswegen außer Hörweite zu geraten.

Der Schlüssel zum Erfolg dieses Gesprächsprofis, sowohl in privater wie in geschäftlicher Hinsicht, ist, daß er anderen ihre Befangenheit nimmt. Das ergibt sich ganz von selbst, wenn man Menschen gerne mag, und viele Schüchterne überwinden ihre Scheu auf Grund ihres echten Interesses an anderen. Sie sind gute Gesprächspartner, weil wir ihr Interesse und ihre Wärme spüren, wenn sie uns ansehen und dem, was wir sagen, Aufmerksamkeit schenken.

Das Märchen vom Kindermädchen

Stellen Sie sich vor, es ist ein Jahr später, und Sie haben Ihren Traumjob! Alles, was Sie sich je gewünscht haben, ist Wirklichkeit geworden, und es ist alles so passiert, weil Sie Ihre Schüchternheit überwunden und die Chance Ihres Lebens am Schopf gepackt haben. Sie wuchsen über sich hinaus und begannen ein Gespräch mit demjenigen, der Ihrem Traumschloß ein Fundament gab. Ein Märchen? Für die Schauspielerin Fran Drescher ist genau das eingetreten.

Fran hatte eine ausgefallene Idee für eine Unterhaltungsserie: Eine Jüdin mit New Yorker Akzent und Marotten ist das Kindermädchen von drei sehr, sehr reichen britischen Kindern – *rein zufällig* sollte das Kindermädchen genauso aussehen wie Fran und auch so sprechen!

Während sie darauf wartete, daß ihr Flugzeug die Startbahn in Richtung Paris verließ, sah sie Jeffrey Sagansky, einen Programmdirektor von CBS, den Gang entlang kommen. Alles schien zusammenzukommen: Sie hatte ihr Ticket auf die 1. Klasse umschreiben lassen, und da war Jeffrey, dem sie bereits begegnet war. Ihr war mit einem Male klar, daß wenn sie nur den Mut aufbringen konnte, ihn anzusprechen, sie während des ganzen Fluges seine Aufmerksamkeit haben würde. „Was hätte er tun können?“ fragte sie mich. „Zum Kapitän rennen und sich beschweren? Schüchtern zu bleiben, wäre sicher leichter gewesen, aber es stand zu viel auf dem Spiel. Also rannte ich auf die Toilette, trug noch etwas Make up auf und sagte ‘Hallo’.“

Der Rest ist Geschichte. Fran Dreschers Serie *The Nanny* (Das Kindermädchen) ist ein Unterhaltungshit! Ihr Buch *Enter Whining* ist ein Bestseller, und ihre Nanny-Puppe findet begeisterte Abnehmer. Sie überwand bewußt ihre Neigung, sich zurückzuhalten, und ich als treuer *Nanny*-Fan bin ihr dankbar dafür, daß sie sich da so zusammengenommen hat.

Ihr Schneckenhaus ist die Welt

Als Rosa Baez-Lopez 1979 als Empfangsdame bei einem Wohlfahrtsverband angestellt wurde, war sie eine stille, schüchterne Frau ohne Schulabschluß. Aber sie war tüchtig, hatte ihre Fähigkeiten und eine umgängliche Art. Nach Jahresverlauf bot ihr der Chef eine Beförderung an. Der Haken an der neuen Stelle war, daß sie eine Ausweitung ihrer Kommunikationsrolle über den Empfangsbereich hinaus beinhaltete. Rosa lehnte ab; Schüchternheit und mangelndes Selbstvertrauen verstellten ihr die Gelegenheit.

Sechs Monate später kam Rosa zu der Einsicht, daß sie nun genügend selbstsicher war, um den Schritt zu wagen, und bat um die Beförderung, die sie zunächst abgelehnt hatte. Sie wurde schließlich die Assistentin des Chefs und arbeitete im Team mit ihm zusammen. Als die Finanzmittel des Verbands von einer halben Million auf zehn Millionen anwuchsen, stiegen auch Rosas Verantwortung, Fähigkeiten und Selbstvertrauen. Ihr Chef war der klassische Förderer, der wußte, wann sie für den nächsten Schritt bereit war. Als er zu einem anderen Verband überwechselte, empfahl er sie als Vizepräsidentin für das Ressort Mitarbeiterbetreuung. Im Interview fühlte man ihr tüchtig auf den Zahn, aber Rosa kannte die Arbeit und beantwortete jede Frage mit Klarheit, Sachverstand, Vision und der Erfahrung von vierzehn Jahren in diesem Bereich. Sie bekam die Stelle und hat sich prächtig bewährt.

Ist Rosa schüchtern? „Ja, ich fühle mich immer noch befangen, aber da sind eben die Arbeit und die Kunden, um die man sich kümmern muß. Wir müssen mit Vorstandsmitgliedern sprechen, mit Lieferanten, Prüfern sowie den Familien der Behinderten, die wir betreuen, und schließlich den Unternehmen, wo die Behinderten arbeiten. Ich muß auf jede Gruppe und jeden einzelnen eingehen können. Und ich muß Bewerber interviewen, anstellen und einarbeiten. Da gibt es nicht viel Zeit für Schüchternheit."

Rosas Kompetenz und Selbstvertrauen haben ihre Fähigkeit erweitert, sich in vielfältigen Situationen zu unterhalten.

Schüchternheit überwinden

Es liegt in unserem persönlichen wie beruflichen Interesse, daß wir unsere Schüchternheit überwinden. Schüchterne Menschen werden oft als kühl, desinteressiert oder hochnäsig empfunden – und das kann unliebsame Folgen haben.

Es gibt einige spezifische Maßnahmen, die wir treffen können, um unsere Schüchternheit zu überwinden, und ich biete Ihnen dieses Programm zur „Genesung von Schüchternheit" an.

Ein 7-Schritte-Programm zur Genesung von Schüchternheit

1. *Werden Sie sich bewußt, daß Sie tatsächlich genesen müssen.* Die Fähigkeit zu kommunizieren und sich zu unterhalten gehört zum Geschäftsleben und zum Geschäftserfolg. Chefs erwarten das. Und wenn Sie der Chef sind, erwartet man es von Ihnen.
2. *Seien Sie ansprechbar.* Lächeln Sie. Sehen Sie den anderen an. Es ist eigentlich natürlich für schüchterne Menschen, daß sie sich auf ihr Gegenüber konzentrieren, anstatt während eines Gesprächs den Blick ständig durch den ganzen Raum schweifen zu lassen.
3. *Haben Sie drei bis fünf interessante neue Geschichten parat und lesen Sie ein paar Buchrezensionen oder Filmkritiken.* Noch besser ist es, wenn Sie das ganze Buch lesen, ins Kino, Kabarett oder Theater gehen, zu einem Lesezirkel gehören oder in das neueste Restau-

rant gehen. (Diese Empfehlung verdanke ich Dr. Philip Zimbardo, dem Verfasser von *Nicht so schüchtern!*)

4. *Üben Sie drei bis fünf Anekdoten oder Geschichten ein, die Ihnen oder Bekannten passiert sind.* Es könnte etwas Lustiges sein, etwas Provozierendes oder etwas, wo der andere die Ohren spitzt. Borgen Sie sich etwas aus anderen Leben aus: Geben Sie etwas zum besten, das Ihnen jemand über seine Kinder, seinen Chef, seinen Urlaub oder Arbeitsplatz erzählt hat. Üben Sie es ein. Vergessen Sie nicht, daß die Pointe am Ende kommt!
5. *Schreiben Sie sich in einem Drama- oder Improvisationskurs ein.* Sie treffen dort andere Menschen, die schüchtern sind, und tun so die ersten Schritte in einer sicheren Umgebung.
6. *Schreiben Sie sich in einem Konversationskurs ein.* (VHS oder andere Erwachsenen-Bildungsstätten)
7. *Üben Sie.* Lächeln Sie. Sagen Sie „Hallo“. Lassen Sie keine Gelegenheit aus, mit Menschen zu sprechen: beim Reiten, Fahrradfahren, auf dem Sportplatz und im Fahrstuhl. Beißen Sie in den sauren Apfel; Sie werden immer wieder erstaunt sein, wie süß er ist. In neun von zehn Fällen geht der andere auf Ihren Vorstoß ein.

In meinen Vorträgen ermutige ich die Teilnehmer dazu, mit älteren Menschen zu sprechen. Der Supermarkt oder das Haushaltswarengeschäft sind ein guter Ort, um mit anderen ins Gespräch zu kommen. Diese Unterhaltungen sind eine gute Übung, machen anderen Freude und können sehr anregend sein. Senioren, die beim Einkaufsbummel sind, haben Lebenserfahrung, Geschichten und guten Rat. Wenn wir uns ganz auf den anderen einstellen, so ist unsere Beklommenheit geringer, und wir überwinden leichter unsere Scheu, andere anzusprechen und uns mit ihnen zu unterhalten.

Drei clevere Ideen

Wie schaffen es die 75 Prozent der Gesprächsprofis, die sich selbst als schüchtern bezeichnen, daß sie ihr Unwohlsein abschütteln?

Eine Methode ist, sich ganz auf den anderen einzustellen, wie P. J. Livingston das tut. Eine andere ist die, sich wie ein wirklicher Gastgeber zu verhalten, das heißt dafür zu sorgen, daß jeder sich wohl und willkommen fühlt, wie wir in Kapitel 2 besprochen haben.

Hier ist noch ein Tip: Sprechen Sie beim nächsten gesellschaftlichen Anlaß eine „wichtige Person" an: einen Firmenchef, einen Würdenträger, eine Berühmtheit. Gehen Sie nicht davon aus, daß sie gleichgültig oder herablassend oder an einem Gespräch mit Ihnen nicht interessiert ist. Rein statistisch sind diese Menschen eher schüchtern als gleichgültig oder herablassend!

Machen Sie es Ihnen leicht, und tun Sie den ersten Schritt. Brechen Sie das Eis, indem Sie sich auf das Thema konzentrieren. Teilen Sie etwas von sich selbst mit. Vergessen Sie nicht: Auch der andere hatte seine Kindheit und Schule(n), hat Kinder, Computer, Hobbys, private und gemeinnützige Interessen. Ein Punkt, der es wert ist, wiederholt zu werden: Konversation ist Teil eines Prozesses, der Beziehungen, Vertrauen und Erfolg aufbaut.

„Jeder, der erwartet, daß man ihm mit Ehrfurcht begegnet, hat wenig zur Unterhaltung beizutragen." Das ist die Meinung Bill Newtons von Norcal Insurance.

Das Trio der guten Konversation

Unser Beitrag zum Buffet der guten Unterhaltung stützt sich auf drei Instrumente. Mit diesem Trio spielen Sie immer die richtige Tafelmusik.

1. *Stellen Sie eine Frage.*
   Beispiel: Haben Sie *Titanic* gesehen. Man ist ja schon fast ein gesellschaftlicher Außenseiter, wenn man es nicht getan hat. Na, und wie finden Sie den Film?“
2. *Geben Sie eine Beobachtung zum besten.*
   Beispiel: „Ich finde den ganzen Rummel um *Titanic* etwas übertrieben. Aber es ist schon faszinierend, wie ein Thema so flächendeckend Einstimmigkeit erzeugt, bei Kritikern wie beim Publikum.“
3. *Teilen Sie Ihre Gedanken, Ideen oder Ansichten mit.*
   Beispiel: „Man kann das Ganze natürlich abtun und sagen: ‘Typische moderne Lemmingswanderung’. Aber irgendwie ist da etwas aus der Tiefe gehoben worden, das alle berührt, mich eingeschlossen.“

Wenn wir uns mitteilen und ausdrücken, was wir denken, glauben, fühlen, wissen oder selbst erfahren haben, bekommt ein Gespräch mehr Tiefe und Intimität. Es ist ein Risiko, aber die Belohnung ist, daß unsere wohldosierten Aussagen zu einem gehaltvolleren Austausch führen. Solche Gespräche nähren und fördern Beziehungen und machen aus Geschäftskontakten und Fremden Partner und Freunde.

Vorsicht: Wenn Sie eine Meinung zum besten geben oder sich selbst als Sachkundigen darstellen, so vergewissern Sie sich, daß Sie wirklich wissen, wovon Sie sprechen. Einfach nur so drauflos reden, baut kein Gespräch auf; ganz abgesehen davon, daß man Sie zur Rede stellen könnte ...

Die Themen des Alltags

Ganz gleich, ob wir schüchtern sind oder nicht, ist es eine gute Idee, verschiedene Gesprächsthemen vorzubereiten, bevor wir uns zu einem Treffen, Empfang oder sonstigem gesellschaftlichen Anlaß auf den Weg machen. Es gibt einige allgemeine Themen, die Sie auf Ihre Person oder jeweilige Situation bezogen anschneiden können:

- Sportereignisse (Fußball, die Gehälter der großen Kicker, Olympiade, WM etc.)
- Wetter (das gute, das schlechte, das schlimme)
- Lokalereignisse
- Film- und Kunstfestivals, Auktionen, Theater
- Gebührenerhöhungen
- Verkehrs- und Parkprobleme
- die letzten Filme (Oscar, Goldene Palme), aktuelle Unterhaltungssendungen
- Bestseller
- Flohmarkt der Stadtbücherei
- Zeitschriftenartikel
- Hobbys (Briefmarken, Schreinern, Gesellschaftstanz)
- Politik, Politiker, Skandale
- Schulerinnerungen, Schule und Kinder
- Urlaub und Feiertage
- Veranstaltungsort und Veranstaltung (Hochzeit, Produktpräsentation, Messe, Jubiläum, Einweihung)
- der Gastgeber

Nachschub für das Repertoire: Die Zitatensammlung

Entleihen Sie sich etwas aus einem Vortrag oder aus Büchern, oder greifen Sie auf eigene Erlebnisse zurück, und legen Sie sich eine Sammlung von Anekdoten, Zitaten und Bonmots an, die Sie im Gespräch benutzen können. Unser eigenes Leben, das Leben von unseren Freunden und Kollegen ist voller unterhaltsamer, erbaulicher Geschichten.

Meine Sammlung schließt Persönliches ein, Zeitungsartikel, Bücher, Fernsehserien und Filme. Ich habe sogar im Kino ein Notizbuch dabei und habe gelernt, im Dunkeln zu schreiben (und das Geschriebene zu entziffern).

Scheuen Sie sich nicht, klassische Themen aus vergangenen Jahren zu benutzen; viele beliebte Shows und Filme werden immer wieder gezeigt. Hier einige Beispiele:

- Als Woody Allen und Diane Keaton im *Stadtneurotiker* auf dem Boden herumrutschen und den Hummer einzufangen versuchten, den sie verspeisen wollten, sagt er zu ihr: „Tu du's. Du sprichst krabbisch."
- Rhoda Morgenstern in der Mary Tyler Moore Show sagte mit einem Blick auf das Stück Schokolade in ihrer Hand: „Mary, ich weiß nicht, warum ich das überhaupt in den Mund stecke. Ich könnte es mir eigentlich gleich auf meine Hüften packen."

Solche Zitate gehören zu meinem Gesprächsrepertoire – und ich sage *immer*, woher sie stammen. Wenn Zitate gelesen, gespeichert und wiederholt werden, so tragen sie zur Konversation bei. Sie enthüllen unsere Vorlieben und schlagen vielleicht bei anderen eine gleichgestimmte Saite an (letzteres ist bei mir der Fall mit Rhoda Morgensterns „Schokoladenrezept")

Lebendige Gespräche

Menschen, die sich flüssig, gewandt und interessant unterhalten, stehen mitten im Leben. Sie tun mehr als nur ihren Lebensunterhalt verdienen. Die meisten Topleute, die ich befragte, spielen Golf, angeln, segeln, lesen, joggen, fahren Ski; manchmal auch alles zusammen.

Es sind Vorsitzende von Handelskammern, Wohlfahrtsverbänden oder Universitätsgremien. Sie organisieren Spendenaktionen für ein Symphonieorchester oder koordinieren Privatschulprojekte oder Firmenmarathonläufe.

Sie haben immer mit anderen zu tun und pflegen ihre Beziehungen. Ich wurde einmal von der University of Chicago eingeladen, im Rahmen eines Rhetorikseminars für Wirtschaftsstudenten einen Vortrag zu halten, denn den Dozenten war aufgefallen, daß es diesen hochintelligenten Studenten erheblich an sozialer Intelligenz, sprich: Kommunikationsfähigkeit mangelte.

Ich bat die Studenten, sich im Auditorium umzuschauen, und sagte dann: „Die Leute hier in diesem Raum sind Ihr Kommunikationsnetz für die nächsten 50 Jahre. Lernen Sie einander jetzt kennen. Werden Sie Mitglied Ihres Studentenverbandes und bleiben Sie in Kontakt. Die Frage, worüber Sie sich unterhalten sollten, ist schon beantwortet: Das Thema ist die Uni – die Professoren, die Kurse, die Noten, der Campus und die Treffs.“

Auf Schusters Rappen über die Hürde

Um die Hürde der Schüchternheit zu überwinden, muß man oft die Gelegenheit am Schopf packen und über etwas sprechen, was direkt vor unserer Nase ist, auch wenn man diese dabei manchmal etwas neigen muß ...

Als ich gerade in einem bekannten Café in San Francisco an diesem Kapitel schrieb, fiel mein Blick plötzlich auf ein Paar ausgefallene Schuhe an den Füßen einer eintretenden Kundin. Ich hatte sie zwar schon des öfteren gesehen, aber wir hatten noch nie miteinander gesprochen. Dieses Paar Schuhe vertrieb meine Schüchternheit: „Was für tolle Schuhe!“ sagte ich. „Wo haben Sie die denn her?“

Deborah Hoke-Smith belohnte mich mit der amüsanten Geschichte, wie sie die Schuhe erstanden hatte. Nach diesem anfänglichen Kontakt stellten wir uns einander vor und unterhielten uns gelegentlich, bis ich einen Monat später entdeckte, daß sie die Vizepräsidentin von Charles Schwab war, und Leiterin der hiesigen Niederlassung.

Wenn Ihnen ein Kompliment auf der Zunge liegt, lassen Sie es da nicht liegen: Ein ehrlich gemeintes Kompliment ist ein guter Start oder auch Beitrag für eine Konversation. Jeder freut sich, wenn man ihm sagt, daß etwas an ihm besonders ist, bemerkt oder geschätzt wird.

Der dritte Mann

Es ist für Schüchterne immer eine Erleichterung, wenn sie entdecken, daß sie kein Abenteurertyp sein müssen, um eine Konversation führen zu können.

Wann immer das Thema „Abenteuer“ aufkommt, muß ich passen. Mit Geschichten von Wildwasser-Floßfahrt, Sahara-Marathon, Nilfahrt im Kajak oder dem Durchschwimmen der Meerenge von Gibraltar kann ich nicht aufwarten. Aber David Miln Smith, mein Partner in Santa Cruz, Vortragender und Autor von *Hug the Monster*, tut es. Also nehme ich am Gespräch teil, indem ich über ihn und *seine* eindrucksvollen Erlebnisse spreche.

Wenn es sich darum handelt, ein Risiko einzugehen, so habe ich meinen eigenen Stil. Wie viele Unternehmer, finde ich es packend, wenn ich meine Einnahmen aufliste und meine Außenstände anschaue. Da können einem manchmal die Haare zu Berge stehen – was wiederum Gemeinsamkeiten im Gespräch mit anderen Kleinunternehmern schafft.

Den anderen ins Licht rücken

Haben Sie folgende Fragen parat:

- „Was meinen Sie dazu?"
- „Wie sind Sie darauf gestoßen?"
- „Ich habe die Absicht, selbst mit ... (Golf, Tennis, Yoga, Gewichtheben, Internet) anzufangen. Sollte man da Einzelstunden nehmen, oder reicht auch eine Gruppe?"

In diesen Fragen steckt die Anerkennung der Erfahrung und des Wissens Ihres Gesprächspartners. Wenn wir jemand anderen höher achten, so fühlen wir uns selbst sicherer und legen so unsere Scheu ab. Auch erlaubt es uns, sich selbst dann am Gespräch zu beteiligen, wenn wir nicht so ganz vorbereitet sind.

Gute Grammatik – kein Knebel für Könner

Manche Menschen scheuen deshalb vor der Unterhaltung zurück, weil sie sich bezüglich Grammatik und richtigem Sprachgebrauch nicht sicher fühlen. Das macht Sinn. Oder vielleicht hält uns ein Zweifel bezüglich eines Dialektausdrucks oder eines Fremdworts davon ab, unser „Scherflein" beizutragen.

Wenn Ihre Unterhaltung aus einem solchen Grund oft zum Erliegen kommt, so gibt es immer den Duden, und außerdem gibt es bei den VHS oder anderen Fortbildungsinstitutionen Kurse zur Förderung der Sprachfähigkeit sowie Audiokassetten-Programme mit Arbeitsbüchern und interaktive Software-Programme.

Ich selbst empfehle zur Überwindung des Problems drei Schritte:

- Setzen Sie sich ein Ziel. Lernen Sie jeden Tag ein neues Wort. Ich habe ein ungekürztes Lexikon auf meinem Arbeitstisch liegen, so daß ich ein Wort, das ich nicht kenne, sofort nachschlagen kann.
- Achten Sie auf elegante Redewendungen. Schreiben Sie sich Wörter und Sätze auf, die Sie besonders mögen.
- Belegen Sie einen Rhetorikkurs. Viele Unternehmen bieten Seminare und firmeninterne Programme zur Förderung der Sprachfähigkeit an. Oder eben die VHS.

Meinen deutschsprachigen Lesern kann ich nur empfehlen, was ich auch meinen amerikanischen Seminarteilnehmern sage, nämlich: Folgen Sie aufmerksam der Tagesschau. Auf diese Weise lernt man die korrekte Sprache, auch wenn man nie mit den Regeln von Grammatik und Satzbau zu tun haben wird.

Die Verbesserung unseres Sprachgebrauchs erfordert Engagement und Zeit, aber sie erhöht unsere Selbstsicherheit und die Qualität unseres Beitrags zur Unterhaltungsparty enorm.

Schweigen muß nicht sprachlos sein

Schüchterne Menschen wissen, daß auch das Schweigen zum Buffet der guten Unterhaltung beitragen kann; es hat seine eigene Aussagekraft – sofern es mit Maßen benutzt wird. Wenn alle gleichzeitig reden, hört keiner zu. Schweigen gibt uns und den anderen Muße, das Gesagte zu verdauen, Daten zu speichern, und Anregungen abzuwägen. Der Rhetoriktrainer Ron Arden, ein ehemaliger Theaterdirektor, Schauspieler und Dramaturgie-Professor, bringt Berufsrednern und Führungskräften bei, wie man bei einer Präsentation richtig Pausen einlegt. Aber jedes Sprichwort hat sein Gegenstück.

- „Schweigen ist Gold" ..., aber es kann auch tödlich sein; bei einer Leistungskontrolle beispielsweise oder wenn ein potentieller Kunde anruft, bei einer Schulkonferenz oder einem Familienfest.
- „Stille Wasser gründen tief" ... können aber auch schlichtweg seicht sein.

> Ein geschlossener Mund bekommt keine Füße.
> (Unbekannt)

Das Zufallsgespräch

Viele einmalige Gespräche und Beziehungen beginnen per Zufall: Einer der von mir Befragten bemerkte eine Frau im Alter seiner Schwiegermutter, als er und seine Söhne bei einem Skilift in Lake Tahoe Schlange standen. „Ich sprach sie an, während meine Söhne die Augen rollten, und erfuhr, daß sie in Tahoe zwei Häuser besaß, von denen sie eines an Urlauber vermietete. Das Ergebnis war, daß sie es uns vermietete – zum halben Preis, den wir üblicherweise in der Skisaison bezahlen."

Ob wir schüchtern sind oder nicht, es zahlt sich aus, wenn man auf andere zugeht und ihnen im Gespräch ihre Befangenheit nimmt. Damit machen auch wir uns freier, und das führt zu guten Beziehungen und guten Geschäften.

Erinnern wir uns

- 75 Prozent aller von mir befragten Gesprächsprofis sagten, sie seien früher schüchtern gewesen – beziehungsweise seien es noch.
- Schüchtern sein ist normal, aber um erfolgreich zu sein, müssen wir unser Schneckenhaus verlassen.
- Lassen Sie das „Konversations-Trio“ spielen: stellen Sie Fragen, geben Sie Beobachtungen zum besten, teilen Sie Gedanken, Ideen oder Ansichten mit.
- Sammeln Sie Aussprüche und Geschichten aus dem Leben, aus Fernsehprogrammen, Büchern, Filmen und von Freunden.
- Nutzen Sie Komplimente als Gesprächsstarter.
- Rücken Sie andere in den Mittelpunkt.
- Schüchtern sein, das ist kein Makel, schüchtern bleiben ein Debakel.

5 Der belesene Weg zur erlesenen Konversation

Konversation ist eine Collage, die wir in Heimarbeit anfertigen können. Wir sind beschlagen, belesen und deshalb bereit.

Dieses Kapitel hat etwas mit den Freuden und dem Nutzen zu tun, die der „Weg des Lesers“ dem künftigen Gesprächsprofi bietet.

Lesen, lesen und nochmals lesen

Die meisten der von mir befragten Gesprächsprofis schrieben ein Gutteil ihres Erfolges dem Umstand zu, daß sie Breitbandleser waren: Sie lasen Tageszeitungen, Magazine, Branchenmitteilungen, Online-Nachrichten und (man höre und staune) Bücher.

Es gibt einfach keinen Ersatz für die Lektüre der lokalen oder nationalen Tagespresse. „Um gesprächsfähig zu sein, muß man auf dem laufenden sein. Und um auf dem laufenden zu bleiben, muß man belesen sein,“ meinte ein Gesprächsprofi. Die Lektüre der Tagespresse läßt uns in einer Weise zum Gespräch *beitragen*, die Sicherheit und Selbstvertrauen ausstrahlt.

„Erlesen“ und „belesen“ haben etwas gemein. Ein sehr erfolgreicher Partner eines berühmten Anwaltsbüros in Pittsburgh erzählte mir, er lese vier Tageszeitungen. Als ich in seiner Firma eine Präsentation zum Thema „Natürlich zum Erfolg“ machte, stimmten seine Kollegen darin überein, daß er in Gesellschaft unschlagbar war.

„Ich lese unser Regionalblatt, die *New York Times* und das *Wall Street Journal*, dazu *USA Today*, denn wir haben landesweit Kunden, und das Blatt bringt die nationalen Sportereignisse. So weiß ich immer den Punktestand, und das hilft mir überall im Land, auf dieses Thema einzugehen.

Es ist wahrscheinlicher, daß wir jemandes Namen oder Firma erkennen, wenn wir regelmäßig lesen. Es ist ja nicht so, daß wir uns daran erinnern müssen, *wo* und *warum* wir das erfahren haben, Hauptsache, wir *wissen* es. Wir können ein Gespräch beginnen mit: „Ihr Name/Ihre Firma kommt mir bekannt vor. Kann es sein, daß da kürzlich etwas in der Zeitung stand?"

Die Tagespresse gibt uns Informationen über allgemeine Themen – Verkehr, Parkprobleme, das Wetter – auch bezogen auf unsere Stadt oder Gegend. Das Wetter ist ein erstklassiges Thema, denn jeder kommt damit in Berührung. Das ist umso mehr der Fall, wenn das Wetter verrückt spielt. El Niño ist das Gegenstück zur Titanic, und Schnee auf den Kastanienblüten im Prater oder die Halligen unter Wasser bieten ebensoviel Gesprächsstoff wie der Eisregen in Quebec.

Das Lesen von Büchern und Magazinen, die nichts mit Beruflichem zu tun haben, rundet unser Konversationsspektrum ab und schlägt Brücken zu erfolgreichen Menschen außerhalb unseres Arbeitsbereiches. Ich habe sogar eine Computerfachzeitschrift abonniert, um in diesem Bereich mitreden zu können.

Erfolgreiche Gesprächskünstler haben immer verschiedene aktuelle Allzweckthemen parat, die sie sich frisch angelesen haben. Manchmal wird auch der Firmenbibliothekar mit der Informationsbeschaffung betraut, oder man schaut selbst einmal im Internet nach, um für bestimmte Themen besser vorbereitet zu sein. Das ist etwas, das jeder von uns tun kann, um Gesprächsexperte zu sein.

Sechs Tips, wie man Nachrichten nutzt

Lassen Sie Nachrichten für sich arbeiten

1. Lesen Sie sich die Rubrik „Tagesthemen im Überblick" nach wichtigen Informationen durch.
2. Lesen Sie die Titelseite quer, und schauen Sie nach den Schlagzeilen.
3. Lesen Sie den ersten Abschnitt jedes interessanten oder wichtigen Berichts. Journalisten geben immer noch das Wesentliche des „Wer, Was, Wo, Wann und Warum" in den ersten Zeilen an.
4. Entscheiden Sie dann, ob der Artikel für Sie oder Ihre Kunden relevant ist.
5. Gehen Sie alle Themenbereiche der Zeitung durch. Kulturelles aus der eigenen Stadt ist ebenso wichtig wie das übrige Tagesgeschehen, die Sportnachrichten oder das Neueste aus Wirtschaft und Industrie. Ihre Kunden beziehungsweise Ihre potentiellen Neukunden könnten ein Spenden-Dinner für die Leukämiehilfe organisieren oder Sponsoren einer Ballettaufführung, eines Tennis- oder Golfturniers oder einer Segelregatta sein. Vielleicht kaufen Sie sogar eine Karte, reservieren einen Tisch, oder Sie schicken eine Spende, ein Wort der Anerkennung oder Glückwünsche.
6. Vermeiden Sie es, die Lokalzeitung im Hinblick auf nationale Ereignisse oder Weltnachrichten zu konsultieren, wenn Sie dazu eine überregionale Tageszeitung lesen, denn das wäre ja „doppelt gemoppelt".

Wie man Nachrichten zu Gesprächsstoff macht

Sie haben also die Tageszeitungen gelesen und ein Gefühl dafür bekommen, was in der Welt, in der Region und in der Stadt vor sich geht – in Sport, Wirtschaft (Firmenfusionen, Börsenkurse), Unterhaltung (einschließlich der aktuellen Unterhaltungsserien) und Wetter.

Wie können Sie sich diese Informationsfülle zunutze machen? Hier sind ein paar Fragen, mit denen man diese Themen aufs Tapet bringen kann:

- „Wie haben Sie den Schneesturm überstanden?"
- „Hat die Überschwemmung Sie auch betroffen?"
- „Wie lange brauchten Sie, um Ihre Einfahrt freizuschaufeln?"
- „Ist bei Ihnen die Heizung im Winter auch ausgefallen?"
- „Verfolgen Sie diesen Prozeß?"
- „Haben Sie gestern das Spiel verfolgt? War ja toll – zweimal Verlängerung!"
- „Irgendwelche Prognosen zur Meisterschaft?"
- „Ist es nicht unglaublich, daß man aus der alten Bruchbude ein Hotel machen will?"
- „Wie finden Sie unsere Mannschaft?"
- „Sind Sie auch ein ... -Fan?"
- „Ist das Ihr erster Kongreß?"
- „Was meinen Sie zu dieser Elefantenhochzeit? Da werden sich ja die Wettbewerbsschützer wieder ereifern."
- „Gehen Sie oft ins Kino?"
- „Haben Sie die Ingrid-Bergmann-Retrospektive gesehen?"
- „Wie sind Sie zu diesem Verein gestoßen?"
- „Fahren Sie oft zum Angeln? Wo fahren Sie hin? Räuchern Sie selbst?

Zu vielen dieser Fragen eignet sich als kleiner Nachschlag: „Was meinen Sie?"

Wenn Sie belesen sind, können Sie sich auch am Gespräch zu Themen beteiligen, wo Sie nicht so versiert sind. Ich habe seit meinem zwölften Lebensjahr nicht geangelt (und warf meinen ersten Fisch wieder ins Wasser), aber ich kann mich trotzdem an einem Gespräch von Petri-Jüngern beteiligen, sofern ich die Sportnachrichten gelesen habe. Alles, was ich brauche, ist ein allgemeiner Überblick über das Thema oder genügend Vertrautheit mit einem Thema, um die von anderen gesammelte Information einzubringen oder einfach gute Fragen, die die Unterhaltung in Fluß halten, zu stellen.

Zeitungsausschnitte

Es gibt ein Gerücht, daß der Drang, eine Zeitung oder ein Magazin mit einer Schere in der Hand zu lesen, auf ein besonderes Gen, das sogenannte ZAG (Zeitungsausschnitts-Gen) zurückzuführen ist. Es wurde Anfang der 60er Jahre von einer Gruppe von Studentinnen (meines Studentenclubs) an der University of Illinois „entdeckt", die verglichen, wessen besorgte Eltern ihnen die meisten Ausschnitte zum Thema „Schreibfaulheit" aus den Kolumnen „Der Psychologe hat das Wort" zugeschickt hatten.

Das ZAG ist nicht geschlechtsspezifisch, auch kann es rezessiv oder dominant sein. Die gute Nachricht für alle, die dieses Gen nicht besitzen: Es kann bei jedem phänotypisch aktiviert werden und zu unserem Erfolg im Berufs- und Privatleben beitragen.

Ausschneiden, ablegen, erneut lesen: Wer verschusselt, hat verspielt

Wie oft haben wir schon gesagt: „Ich hab' das schon mal gelesen, wo doch gleich?“ Ich bin mit diesem Satz aufgewachsen und dachte immer „Wodochgleich“ sei der Name eines berühmten Fachblatts, weil meine Mutter es immer zitierte, um eine Quellenangabe zu machen. Nun bin ich diejenige, die oft aus „Wodochgleich“ zitiert.

Eine Methode, einen wichtigen Punkt oder Artikel nicht zu vergessen, ist die, ihn zu lesen, auszuschneiden, abzuheften und ihn *später erneut zu lesen*. Datum und Quelle angeben.

Ausschneiden und verschicken

Wir können Beziehungen aufbauen und pflegen, indem wir Artikel von Interesse oder Bedeutung an diejenigen schikken, denen wir begegnet sind oder die in dem Artikel erwähnt werden. Einfach nur eine kurze Notiz dazulegen oder daraufkleben, wie zum Beispiel:

- „Liebe(r) ..., ich dachte dabei an dich/Sie.“
- „Herzlichen Glückwunsch zu dieser Auszeichnung. Weiterhin viel Erfolg!“
- „Ich dachte, eine Kopie für die Familie würde dir/Ihnen Freude machen.“

Ist das Konversation? Ganz gewiß! Es ist ein weiteres Stück Information, das eine Botschaft vermittelt. Die Botschaft ist: „Ich habe dir zugehört, ich erinnere mich an dich, und ich schätze dich so, daß ich mir die Zeit nehme, das auszuschneiden, eine Notiz dazu zu schreiben und es dir zu schikken.“

Unschlagbare Schlagzeilen

Manche Schlagzeilen schlagen wirklich ein und können den Stoff für eine spritzige Unterhaltung liefern.

In meinen Vorträgen führe ich Beispiele von solchen ausgefallenen Schlagzeilen oder Nachrichten an, die ein Gespräch bereichern: „Ich habe da die komischste Schlagzeile gelesen ... Haben Sie von den beiden Einbrechern gelesen, die sich bei ihrem Coup gegenseitig lahmgelegt haben?"

Hier sind ein paar Beispiele von Schlagzeilen, die wirklich ein gefundenes Fressen sind, um ein Gespräch in Gang zu bringen:

- „Frühjahrsputz macht krank!" (Na, wenn das keine Überraschung ist!)
- „Kinderreiche Familie hat Verkehrsprobleme" (Fragt sich nur, welche?)
- „Mehr Hormone als die Pille" (Das Elend mit den Schweinelendchen…)

Sportliche Konversation

Auch Frauen sollten die Sportseiten lesen, denn sowohl Männer als auch Frauen sprechen über Sportereignisse, Teams und Punkte. Und Männer sollten die Seiten über Lebensstil lesen, die über das Leben in der Stadt, Filme, Bücher, Kunst und Kultur berichten.

Sie spielen vielleicht nicht Golf oder Tennis, aber Sie sollten einen kleinen Blick in diese Welt werfen, damit Sie einen Einblick in Bereiche bekommen, die einfach zu unserer Kultur gehören. Jeder sollte in der Lage sein, sich an einer Unterhaltung zu beteiligen, in der es um eine örtliche Mannschaft geht, um Bundesligaspiele, Wimbledon oder um den Europapokal.

Gespräche mit Fans

Fan derselben Mannschaft zu sein, kann ebenso zu einer Unterhaltung beitragen wie freundliche Rivalität. Folgendes Gespräch fand während einer Geschäftssitzung statt:

JJ: „Was machen Sie, wenn ein Kunde Ihnen den Stuhl vor die Tür setzt?“

DS: „Wissen Sie, ich bin Fußballfan, und da muß man auch manchmal mit einem Rückschlag fertigwerden.“

JJ: „Schaffen Sie's zu vielen Spielen?“

DS: „Ich bin oft beim Training im Waldstadion dabei. Das ist wirklich ein Superplatz!“

JJ: „Das Flutlicht hat ja ganz schön für Aufruhr gesorgt. Was halten Sie davon?“

DS: „Da kann ich mich nicht dran gewöhnen; zu Nachtveranstaltungen gehe ich deshalb nicht. Die Strahler sind schon echt ein Problem, wegen des Neubaugebiets nebenan. Aber wo soll man sonst hingehen? Das ist ja auch eine Kostenfrage.“

JJ: „Das war bei uns in der Stadt dasselbe Problem. Und wenn's zu weit draußen liegt, klappt's wieder mit den Verkehrsverbindungen nicht. Wirklich nicht leicht ...“

JJ und DS bauten so durch Zuhören und passende Antworten ein Gespräch auf, das ihre Beziehung förderte.

Spaß darf sein

Ich muß gestehen, meine erste Lektüre waren Comics. Die besten davon habe ich in meinen Konversationsfundus aufgenommen.

Das Faxgerät ist eine tolle Erfindung, um Cartoons an Kollegen, Kunden und Freunde zu schicken. Ich schreibe manchmal einen Satz dazu wie:

- „Hier ist was zum Schmunzeln."
- „Lach dich (nicht) krank."
- „Weiß nicht, ob Sie das schon gesehen haben?"

Gewiß, es braucht Zeit, und wir sind alle so beschäftigt, aber es trägt zur fortdauernden Unterhaltung des Lebens bei, wenn wir sagen: „Ich habe dich und deine Interessen in Erinnerung." Das macht eine positive Aussage über Sie selbst und die wahrgenommene Anwesenheit des anderen.

Weitere Gesprächsmunition

Die meisten Berufsverbände geben ein Mitteilungsblatt heraus, ja sogar Magazine und Fachzeitschriften, randvoll mit Branchennachrichten, Sorgen und Anliegen. Sie enthalten auch die Namen von denen, die „mitmischen".

Wir brauchen das, was wir da lesen, nicht auswendig lernen, sondern uns nur generell mit den Themen vertraut machen, so daß wir im Bedarfsfall jederzeit wissen, wo wir nachschlagen müssen.

Wenn wir einen Artikel finden, der uns anspricht, können wir dem Verfasser oder Redakteur einen Brief schreiben. Ist etwas hinzuzufügen oder eine kritische Bemerkung anzubringen, so können wir anbieten, einen ergänzenden Artikel oder eine Gegendarstellung zu schreiben.

Sollte man Sie fragen, ob Sie einen bestimmten Artikel in einer dieser Publikationen gelesen haben, und ist dies nicht der Fall, sagen Sie die Wahrheit und fragen Sie, was darin stand. *Hören Sie dann aufmerksam der Zusammenfassung zu und nehmen dazu Stellung – auf diese Weise entsteht ein Gespräch.*

Technosimpeleien

Die Lektüre der Wirtschafts-, Gesellschafts-, Kultur- und Aktuellen Seiten liefert erstklassigen Gesprächsstoff über Technik, ein Thema, über das man Bescheid wissen sollte.

Selbst wenn der andere kein Computerbenutzer ist, gibt es noch genug Gesprächsstoff. Wir können unsere Bekehrung vom Computermuffel zum Computerfan zum besten geben. Beim letzten Treffen unserer akademischen Verbindung unterhielten sich acht meiner „Schwestern" über den Nutzen von E-Mails, und zwei von uns, die Online miteinander in Kontakt standen, versuchten, die anderen dazu zu bringen, daß sie sich unserer elektronischen Konversation anschlossen. Da saß ich, die bekehrte Computergegnerin, und gab den anderen einen Crashkurs über E-Mail!

Wir wissen, daß technisches Know-how Bestandteil unserer Alltagskultur ist, wo in Fernsehserien, im Film oder im Theater Geheimnisse per E-Mail gelöst oder eine Liebeserklärung per Knopfdruck an den falschen Empfänger gerät. Daran wird sich nichts ändern. Also heißt es lernen, diskutieren und umsetzen!

Erinnern wie uns

- Bereiten Sie sich auf Unterhaltungen vor, indem Sie Tageszeitungen, Magazine und Bücher lesen.
- Nachrichten werden in einem 5-Schritte-Verfahren zu Gesprächsstoff: Lesen, ausschneiden, abheften, erneut lesen und wiederholen.
- Zwecks Tabellenstand bitte Sportnachrichten lesen.
- ZAG – Lesen & Ausschneiden & Versenden.
- Sammeln Sie Ihre Lieblingszitate als Konversationsbeitrag.
- Comics – die beste Medizin.

6 Wer nicht hören will ...

...Muß bald feststellen, daß er kein großer Könner im Gespräch ist. Das Geheimnis des Gesprächsprofis lautet:

Z - U - H - Ö - R - E - N

Wir haben alle etwas zum Buffet der guten Unterhaltung beizusteuern, aber zum guten Gespräch gehört auch das gute Gehör. Schmecken und würdigen, was die anderen zum Buffet mitgebracht haben, ist leicht, macht Spaß und informiert. Es gibt uns etwas, worauf wir antworten können, und das ist eben Unterhaltung.

Bei jeder Umfrage habe ich herausgefunden, daß die besten Gesprächsprofis auch wunderbare Zuhörer sind. Man spricht gerne (und macht Geschäfte) mit Menschen, die einem zuhören. Ich habe noch nie jemanden sagen hören: „Ich mag meinen Arzt (Steuerberater, Kfz-Meister, EDV-Berater). Sie sollten auch zu ihm gehen. Er hört einem nie zu."

Wenn wir einmal einen Moment still sind, lächeln, nikken und unseren Blick und unsere Aufmerksamkeit ganz auf den Sprecher richten, dann weiß der Betreffende, daß wir zuhören, und nicht nur so tun als ob.

Teure Abwesenheit

Wir haben uns schon alle einmal gedanklich verabschiedet – während einer Predigt, einer Festansprache, einer Sitzung oder bei einem eher einschläfernden Redner – und wir bekommen für gewöhnlich mit, wenn jemand das bei uns tut. Während meiner 30 Jahre als Erzieherin habe ich gelernt, die Tagträumer, die Abgedrifteten und die Nickerer zu ermitteln – letztere leicht am Schnarchsignal zu erkennen.

Wer hätte gedacht, daß diese Kinder einmal Unternehmer, Erfinder, Risikoträger und Firmenbosse sein würden?

Wenn wir allerdings während Geschäftssitzungen und Gesprächen mit Kollegen, künftigen Kunden, Mitarbeitern und Vorsitzenden, ganz zu schweigen von denen, die wir persönlich mögen, abdriften, so kann der Preis ziemlich hoch sein.

Eine Friseurin zum Haareraufen

Jerome Castillo, mein Friseur, hatte ein Lehrmädchen in seinem Salon eingestellt. „Jedesmal wenn ich mit ihr spreche", sagte er, „ob das nun ein allgemeines Thema ist, oder ob ich ihr etwas Technisches erklären will, sieht sie total desinteressiert aus. Bei den ersten paar Malen dachte ich, daß sie bloß schüchtern sei, aber das ist nicht der Fall. Sie antwortet zwar immer mit einem Redeschwall, aber ihre Antworten haben auch nicht das geringste mit dem zu tun, wovon ich gesprochen habe. *Sie hört einfach nicht zu*!"

Jerome hat eine lockere Art, aber als ich ihn fragte, wie er damit zurechtkomme, antwortete er: „Susan, ich bin am Ende meines Lateins. Unser Geschäft beruht darauf, daß wir unseren Kunden zuhören. Wenn wir nicht darauf eingehen, welchen Haarstil, Schnitt oder welche Farbe sie wollen, dann wird die Frisur ein Flop, und die Kundin sehen wir nie wieder!"

Jegliches Geschäft gründet auf Zuhören. Ob es der Schönheitssalon ist, eine Papierfabrik, eine Arztpraxis, eine Softwarefirma, die chemische Reinigung oder ein EDV-Unternehmen – das Zuhören ist ausschlaggebend für das Führen eines Gesprächs, und wir verkehren nun einmal miteinander, indem wir sprechen.

Bei der Arbeit ist die wirkliche Zeitverschwendung das Nicht-Zuhören, und das Nicht-Zuhören ist auch eine Art der

Kommunikation. Das Lehrmädchen gab Jerome eine sehr deutliche Botschaft, nämlich: „Es ist mir egal, was du mir sagen willst." Das ist keine produktive Kommunikation mit einem Arbeitgeber, und es hat auch die Karriere des Lehrmädchens nicht gefördert.

Diese Situation wiederholt sich täglich millionenfach in aller Welt – zum Schaden derer, die nie zuhören gelernt haben.

So tun als ob

Meine Freundin Claudia Jarrett begann einmal auf einer Party, wo wir beide eingeladen waren, ein Gespräch mit einem Jazzmusiker. Sie sprach, lachte, stellte Fragen und erzählte Geschichten. Er nickte, lachte gelegentlich, lächelte und kommentierte mit: „Ehrlich!", „Na, so was!" und „Was Sie nicht sagen!"

Später sagte Claudia zu mir: „Dieser Jazztyp ist ein reizender Gesprächspartner!" Ich war platt. Er strengte sich überhaupt nicht an, tat so, als hörte er aufmerksam zu, und hörte wahrscheinlich in seinem Kopf „Take Five". Wie ich herausbekam, ob das stimmte? Ich gab ihm ihr Kompliment weiter und fragte ihn, wovon sie gesprochen hatten. Er hatte keine Ahnung!

„In einer Unterhaltung so tun, als ob, kann auch negative Auswirkungen haben. Hier ist eine Testmethode, um herauszufinden, ob jemand zuhört oder nicht: Stellen Sie eine Frage in bezug darauf, wo Ihnen der andere gerade beigepflichtet oder worüber er sich positiv ausgelassen hat.

Es ist genauso leicht zuzuhören wie nur den Eindruck zu erwecken, daß man zuhört! Beides erfordert Anstrengung, aber wenn wir wirklich zuhören, wirft es etwas ab.

Der Lohn der guten Unterhaltung

Es ist höflich und gut für das Geschäft, wenn man zuhört. *Interessant* ist es auch noch. Es macht mehr Spaß, einem anderen zuzuhören, als seine Zeit damit zu verschwenden, die Minuten zu zählen, bis man sich absetzen kann, oder innerlich abzutreten und dennoch so zu tun, als sei man ganz Ohr, oder die Wand anzustarren.

Wenn wir wirklich zuhören, werden wir uns mit größerer Wahrscheinlichkeit an das Gehörte erinnern. Und das wiederum ist ausschlaggebend für die Fortdauer eines lebendigen Austauschs. Wie kann man intelligent antworten, wenn man innerlich Musik hört oder sich an Vergangenes erinnert?

Zuhören hilft uns, das zu lernen, was wir über den anderen und sein Geschäft wissen müssen.

Zum Verkaufserfolg gehört das Zuhören

Jean Miller ist eine ehemalige Schulbibliothekarin, die sehr erfolgreich geworden ist – mit dem Verkauf von Verwaltungssystemen für öffentliche und Universitätsbibliotheken, also keine kleine Fische. Jean ist eine sehr konservative Geschäftsfrau, die nicht viel Worte macht und in ihrem Bereich Spitze ist. Sie erfuhr vor kurzem, daß sie zusätzlich zu ihrer Provision noch 6000,- Dollar in einem Verkaufswettbewerb gewonnen hatte, und das, obwohl ihr Vertriebsbezirk halbiert worden war.

Jeans Geheimnis ist einfach: „Ich stelle Fragen, und dann sitze ich still da *und höre den Antworten zu.* Auf diese Weise bekomme ich die erforderliche Information, um dem Kunden einen Lösungsvorschlag zu machen, und ich verkaufe ihm nicht mehr als das, was er braucht. Die Leute wollen bedient, aber nicht über den Tisch gezogen werden. Es gibt jede Menge Vertreter, die so wild aufs Verkaufen sind, daß sie einfach nicht still sein und zuhören können.

„Auf die Antworten hören“, klingt leicht, aber viele tun es aus irgendeinem Grunde nicht. Jean hat in der Branche einen Ruf als jemand, der gründlich recherchiert, organisiert und Folgebetreuung leistet, und dazu einen Ruf als gute Zuhörerin, die weiß, wie und wann sie das wichtigste Mittel des Zuhörens einsetzen muß: Schweigen.

Wer führen will, muß zuhören können

Industrie und Wirtschaft können sich keine Leute leisten, die nicht zuhören oder nicht zuhören wollen. Erfolgreiche Führungskräfte müssen das Ohr am Markt, am Verbraucher, an den Mitarbeitern und an den Kunden haben.

Zuhören schafft Konversation, Konversation schafft Kommunikation, und Kommunikation schafft Verbindungen. Wenn wir nicht richtig zuhören, kommt jede intelligente Unterhaltung zum Erliegen. Vergessen Sie nicht: Man macht Geschäfte mit Menschen, die man kennt, schätzt, und denen man vertraut – mit Menschen, in deren Gegenwart man sich wohlfühlt.

Menschen, die zuhören, nehmen uns unsere Befangenheit. Sie werden immer einen Wettbewerbsvorteil haben, nicht nur deswegen, weil wir sie kennen, schätzen und ihnen mehr als anderen vertrauen, sondern weil sie stets lernen und Informationen sammeln, die ihnen gestatten, uns besser zu bedienen, sich mehr auf uns und unsere Bedürfnisse einzustellen als andere.

Stehenbleiben, anblicken, zuhören

Zuhören ist anstrengend für Geist und Körper. Dr. Ralph Nichols, ein Pionier im Bereich des Zuhörens, sagt: „Wenn jemand zuhört, nimmt die Herz- und Atemfrequenz zu, und die Muskeln spannen sich an. Ein müder, verspannter Körper, der nach Aufmerksamkeit lechzt, beeinträchtigt die Kommunikationsfähigkeit." (zitiert nach Diane Corley Schnapp, „Executive Secrets", *Hemisphere*-Magazin von United Airlines, März 1993, S. 29)

Um gut zuzuhören, müssen wir aufmerksam sein. Wir müssen Pausen machen und unseren Gesprächspartner ansehen.

Stehenbleiben

Könner unter den Zuhörern bereiten sich vor, indem sie sich körperlich und geistig auf den anderen einstellen. Sie hören mit allen anderen Aktivitäten auf und sind ganz für ihr Gegenüber da.

Anblicken

Zur Aufmerksamkeit gehört Blickkontakt. Es ist sehr schwer, jemandem zuzuhören, wenn wir dabei unseren Schreibtisch oder die Regale absuchen, unsere Golfschläger prüfen, kochen, Blumen gießen oder zwischendurch telefonieren. Wenn wir den anderen nicht ansehen, ist er nie sicher, ob wir tatsächlich auch zuhören.

Bestandteil meiner Präsentationen ist, daß ich die Teilnehmer auffordere aufzustehen, sich einander vorzustellen und miteinander zu sprechen – egal, ob das 60 sind oder 1600. Das ist der Grund, warum ich eingeladen werde. Der Zweck der Veranstaltung ist, daß die Teilnehmer sich unterhalten und Kontakte knüpfen lernen. Wenn wir die Übung besprechen, heißt es immer von seiten der Teilnehmer, daß es ein „tolles Gefühl ist, wenn einen jemand anspricht, weil er einen bemerkt hat und einem seine Aufmerksamkeit schenkt."

Die Teilnehmer berichten auch, daß das, was eine Konversation in Gang hält, der Blickkontakt ist. Es ist ärgerlich, wenn man mit jemandem spricht, der sich eher für die Dekke, die Wände oder die anderen Teilnehmer interessiert. Die Botschaft ist: „So ziemlich alles in diesem Raum ist interessanter, ansprechender und wichtiger als Sie. Sie sind abgestandenes Bier."

Wenn jemand einen anderen anschaut, dann teilt er seinen Charme mit. Sind die Menschen, die uns „auf die Netzhaut bekommen und uns beachten" auch diejenigen, an die wir uns erinnern? Mit denen wir sprechen wollen? Die wir einstellen wollen? Die wir unseren Freunden und Kollegen empfehlen? Ja, das ist ganz klar der Fall!

Zuhören

Wenn wir stehenbleiben und den anderen wirklich anschauen, dann können wir mit Ohren, Augen, Gesicht, Herz, Gemüt, Körper und Geist zuhören.

Die klassische Konversation

Prüfen wir einmal, wie diese Prinzipien des Zuhörens in einer realen Situation funktionieren. Es beginnt damit, daß wir unsere Aufmerksamkeit auf den anderen richten, offen sind, ihn ansehen und durch Körpersprache zum Gespräch einladen.

Ich glaube, daß auch in Europa das Thema „Sport" viele Brücken schlägt, und stelle mir folgendes Gespräch zwischen zwei typischen Herren namens Meier und Schultze vor:

Meier: „Meier. Steuerberater und Borussen-Fan. Freut mich, Sie kennenzulernen."

Schultze: „Schultze. Einkaufsleiter. Und Fan von Werder Bremen. Habe schon von Ihnen gehört."

Meier: „Ich habe gelesen, Sie sind ein engagierter, gut informierter und aktiver Werder-Fan. Haben Sie auch beruflich mit dem Verein zu tun?"

Schultze: „Wäre nicht schlecht. Aber wir haben ein Importgeschäft, und das eignet sich nicht so ganz. Wie sieht es bei Ihnen aus?"

Meier: „Meine Fälle sind eher Erbschaftssachen, internationale Immobilien und ein paar Wohltätigkeitsvereine. Aber man ist ja immer an etwas Neuem interessiert. Vor allem, wenn jetzt der Euro kommt, steht uns ja einiges ins Haus. Vielleicht auch bei Ihnen. Ich lasse Ihnen mal meine Karte da."

Schultze: „Man kann nie wissen. Und vielleicht treffen wir uns ja mal als Schlachtenbummler. Hier ist meine Karte."

Ob USA oder Europa – die Erfolgsprinzipien sind stets dieselben: Zuhören, anknüpfen, überleiten. Es sind die Elemente, die eine Geschäftsbeziehung ins Leben rufen. Auch wenn am Anfang nur der Fußball da war.

> Größe zeigt sich daran,
> daß man ein großartiger Zuhörer ist.
> (Arthur Helps)

Wie weiß der andere, ob wir zuhören?

Der wahre Wert des Zuhörens ist nicht greifbar, aber die beiden folgenden Tips helfen uns nicht nur zuzuhören, sondern helfen auch anderen herauszufinden, ob wir zuhören:

Nicken, nicht einnicken

Erfolgreiche Menschen berichten, daß jemand, der einem beim Gespräch zunickt, zum Sprechen einlädt. Nicken ist ein Zeichen von Einverständnis, und wir sprechen gerne mit Menschen, die uns ermutigen und uns zustimmen.

Fragen stellen

Wer eine Frage zum gerade erörterten Thema stellt oder etwas dazu zum besten gibt, ist ein aktiver Zuhörer. Dieser Teilnehmer macht es leicht, mit ihm zu sprechen, weil er „ganz da“ ist, uns seine Aufmerksamkeit schenkt – und damit bei uns einen bleibenden Eindruck hinterläßt!

Es ist Geschäftsbeziehungen immer förderlich, wenn man aktiv zuhört und aufmerksam ist. Warum sollten wir unsere Zeit damit vergeuden, andere zu ignorieren oder von ihnen ignoriert zu werden?

Die Zuhörprofis

Wir können jede Menge von versierten Zuhörern lernen – Therapeuten und staatlich ungeprüften Friseuren, Barkeepern sowie Hand- oder Fußpflegerinnen.

Wir zahlen unseren Obolus teilweise dafür, daß wir deren ungeteilte Aufmerksamkeit bekommen. Sind sie gut dabei, dann verstehen sie es, uns das Gefühl zu geben, daß sie ganz Ohr für uns sind. Und im Gespräch mit ihnen erleben wir uns oft auch *selbst*. Wir können etwas von diesen Leuten lernen, die sich oft voll und ganz auf uns einstellen. Hier sind ihre Arbeitsmittel:

Das Instrumentarium des Zuhörens

- Blickkontakt
- gelegentliches Nicken
- Aufmerksamkeit auf uns richten und auf das, was wir sagen
- Fragen und Bemerkungen
- „Zwischen-den-Zeilen-Hören“

Wir wissen aus Erfahrung, daß wir in Gesellschaft von Menschen, die zuhören, offener und mitteilsamer sind. Es ist gut, sich daran zu erinnern, wenn wir wollen, daß unsere Gesprächspartner uns gegenüber offen und mitteilsam sind – wenn wir beispielsweise erfahren wollen, was in einer Firma vorgeht, oder wie es bei der Konkurrenz oder in einer bestimmten Branche aussieht.

Richtig gut zuhören

Ein Element des richtigen Zuhörens ist, daß man nichts abtut, in Frage stellt oder die Erfahrung des anderen herabwürdigt. Es ist wichtig, daß man die Gefühle und Verfassung des anderen erkennt und ihnen Rechnung trägt, unabhängig vom Inhalt des Mitgeteilten.

Wir wissen vom Umgang mit Kindern her, wie wichtig das ist. Wenn ein Kind hinfällt, sich das Knie aufschlägt und zu weinen anfängt, werden wir vielleicht sagen: „Das tut ja gar nicht weh. Du bist ein großer Junge/ein großes Mädchen.“ Tatsache aber ist, daß das Kind eben doch weint, weil es sich wehgetan hat oder weil es sich plötzlich erschreckt hat.

Die richtige Anwort ist: „Oh, du hast dir das Knie aufgeschlagen. Das muß wehtun. Soll ich es abwischen und ein Pflaster drauftun?“ Wer Kinder hat oder sich an seine eigene Kindheit erinnert, weiß, daß man das mit Mitgefühl sagen muß. Manchmal hört das Weinen schon deswegen auf, weil das Kind positive Aufmerksamkeit bekommt und eine Lösung angeboten wird.

Als Erwachsene haben wir immer noch den Reflex, jemanden schütteln zu wollen, wenn er versucht, uns eine Erfahrung oder reale Situation auszureden. Wir können es noch hinnehmen, wenn jemand Fakten oder Mitteilungen in Frage stellt, aber wir mögen es gar nicht, wenn man unsere Gefühle ignoriert.

Ich bekam das aus erster Hand zu spüren, als 1979 etwa 1200 Lehrer in San Francisco entlassen wurden. Viele von uns, die mit ganzem Herzen und ganzer Seele Lehrer waren, hatten das Gefühl, daß man sich über unsere schlechtbezahlten Jobs lustig machte, und waren zu eingeschüchtert, um an eine neue Berufslaufbahn zu denken. Viele von uns glaubten Bernhard Shaws altem Kalauer: „Wer was kann, wird was. Wer nichts kann, wird Lehrer.“

Ich schüttelte die Sache bald ab; das ist meine Art. Als meine Kollegen dann ankamen und mich als Klagemauer benutzten, legte ich los wie ein General, der seinen Leuten Mut zuspricht. Es verfing nicht und ruinierte ein paar Freundschaften, weil ich nicht zuhörte, nicht auf die anderen einging und nicht anerkannte, daß ihre Gefühle ihre Berechtigung hatten, obwohl sie sich von den meinen unterschieden.

Das Gute an der Sache war, daß ich das Problem mit meinen verfehlten Aufmunterungsversuchen einsah. In jenem Jahr entwickelte ich ein „Seminar für Umsattler“, um Lehrern zu einer neuen Berufslaufbahn zu verhelfen.

Vom Urteilen und Verurteilen

Eng verbunden mit dem Zuhören und Anerkennen der Erfahrung des anderen als etwas Reales (selbst wenn die Fakten etwas fragwürdig scheinen) ist das Vermeiden des Urteilens.

„Warum hast du *das* getan?" ist nicht das, was der andere erwartet, wenn er uns eine Mitteilung macht, die ihn vielleicht Überwindung gekostet hat. Dann bricht er das Gespräch vielleicht sofort ab.

„Wie kommst du denn *darauf*?" und ähnliches haben dasselbe Ergebnis oder geben dem Gespräch eine kontroverse Note, da der andere auf diese Herausforderung defensiv reagiert.

Wenn wir nicht gleich mit einem Urteil bei der Hand sind, so gestattet uns dies besser zuzuhören, weil unsere Aufmerksamkeit und Energie darauf fokussiert ist, was gesagt wird, und nicht darauf, eine Meinung oder Beurteilung zu formulieren. Der Pfarrer und Lebensberater Sherwood Cummins sagt: „In der Frage *'Warum'* steckt ein Urteil. In der Frage *'Wie* ist das passiert?' steckt Neugier und der Keim eines Gesprächs."

Die Rhetorik der Papageien

Lehrer und Befürworter des aktiven Zuhörens predigen uns seit Jahren, daß wir das Gehörte wiederholen sollen, damit kein Zweifel bleibt, was der andere meint: „Habe ich richtig verstanden, daß Sie ..."

Das Ergebnis? Jedes Gespräch braucht doppelt so lange. Für einen A-Typ wie mich ist das nichts.

Das Paraphrasieren der Mitteilung eines anderen kann zwar eine gute aktive Zuhörmethode sein, aber das ständige

Nachsprechen kann irritierend sein und sogar als Abwimmeln ausgelegt werden. Schlimmer noch: Wir klingen wie ein Papagei. Wir sollten es nicht so weit kommen lassen, daß es die Spatzen von den Dächern pfeifen ...

Paraphrasieren ist eine Methode, um sicherzustellen, daß wir eine Bemerkung oder den Kontext, in dem ein Begriff benutzt wurde, verstanden haben. Aber da gibt es Alternativen. Wenn wir daran zweifeln, ob wir auch auf einer Wellenlänge mit dem Sprecher sind, können wir ihn fragend ansehen oder sagen: „Der Begriff ist mir nicht geläufig." Oder schlicht und einfach: „Was meinen Sie?"

Man muß schon ein gesundes Ego haben, um zuzugeben, daß man nicht ganz folgen kann. Aber wenn wir das deutlich sagen, gibt das unserem Gesprächspartner die Gelegenheit zu einer Erläuterung oder Antwort.

Menschen haben bekanntlich einiges mit Affen gemeinsam, so zum Beispiel das Nachäffen. Freunde sollen angeblich die Bewegungen des anderen *spontan und unterbewußt* nachmachen. Der Autor von *The Secret*, David Lewis, warnt vor Menschen, die unsere Haltung und unsere Gesten nachahmen, um sich bei uns einzuschmeicheln. Wenn wir sähen, daß uns jemand bewußt nachmacht, sollten wir ihm auf den Zahn fühlen, ob er es ehrlich meint, bevor wir uns ihm ganz anvertrauen. Umgekehrt sollten wir uns im klaren sein, daß man auch unsere Ehrlichkeit überprüfen könnte.

Das Körnchen Salz

Zuhör- und Kommunikationsexperten können wertvolle Ideen liefern, aber wir müssen jeden Rat mit unserer eigenen Erfahrung und den Gegebenheiten abgleichen, und uns dann das Passende zu eigen machen.

Ich lernte das vor langer, langer Zeit, als ein flotter Professor von einer Washingtoner Universität in die Volksschule kam, an der ich damals unterrichtete. Der Zweck seines Kommens war, uns den richtigen Dialog beizubringen, um unsere disziplinarischen Fähigkeiten zu verbessern. Ich fragte ihn, was man mit den anderen 29 Kindern tun solle, während man diesen Dialog mit dem Unruhestifter führt. „Die werden zuhören und den Vorgang genießen", sagte er, ohne mit der Wimper zu zucken. Der gute Mann hatte schon lange vor keiner Klasse mehr gestanden.

Unterbrechen Sie (Ihre Karriere) nicht

Schweigen ist die goldene Regel des Zuhörens. Niemand mag unterbrochen werden, und still sein erlaubt uns auch, die erhaltene Information zu verarbeiten und daraus zu lernen.

Nichts bringt uns so rasch aus der Fassung, als wenn wir unterbrochen werden. Das passiert uns allen und ist irritierend. Ich habe einen Kollegen, der auch ein guter Freund ist, aber er unterbricht mich ständig. Nach vielen Malen, die ich schon gar nicht mehr gezählt habe, platzte mir der Kragen: „Jetzt halt' doch mal den Mund und laß mich ausreden!" Ich muß das leider regelmäßig wiederholen.

> Laß nie eine Gelegenheit aus, den Mund zu halten.
> (Ein Großvater)

Unterbrechungen blockieren jede Unterhaltung; kostspielig wird es dann bei Geschäftsgesprächen – und Männer sind hier in größerer Gefahr. Umfragen der Soziologen Candace West und Don Zimmermann von der University of California in Berkeley haben ergeben, daß Männer die Urheber von 96 Prozent aller Unterbrechungen bei Gesprächen sind (an denen auch Frauen teilnehmen). Das ist nicht sehr angenehm für weibliche Gesprächsteilnehmer. Wenn ein Mann da nicht aufpaßt, kann das beruflich üble Folgen für ihn haben, denn eine Frau in der Führungsetage wird dafür nicht viel übrig haben. Aber auch bei Mitarbeiterinnen, Kundinnen oder Klientinnen sorgt er damit für böses Blut.

Das Geographische Gemüt

Ich nehme an, daß wie bei uns in den USA auch in Europa Temperamente und Tempo verschieden sind. So sind angeblich die Züricher und die Berliner nie um ein Wort verlegen, während Menschen aus kleineren Städten mit langsamerem Lebensstil ihre Worte länger abwägen und sich langsamer für ein Thema erwärmen. Einem hektischen Großstädter wird es vielleicht gar nicht bewußt, wie unhöflich er ist, wenn er biederen Honoratioren in einer Kleinstadt mit seiner Begeisterung ins Wort fällt. Regionale Unterschiede ziehen manchmal sogar Grenzen durch eine Ehe:

Mein ehemaliger Mann war Musiklehrer an einer Oberschule und leitete auch eine Band. Oft kam er nach Hause und erzählte mir, daß sie einen Preis in einem Wettbewerb gewonnen hatten. Ich bin ein ziemlich überschwenglicher Typ und fiel dann gleich mit meinen Glückwünschen über ihn her.

„Unterbrich mich nicht immer“, war dann stets die Antwort, und ich war jedesmal perplex. Ich bin aus Chicago (und aus einem Stadtteil, wo man schnell spricht) und habe meinen Verhaltensstil in New York gelernt. Er ist aus Virginia, eher ländliches Milieu. Sie können sich Ihren Reim darauf machen.

Monologe – eher etwas für Helden

Manche Leute reden und reden. Sie hören anderen nur selten zu, und schlimmer noch: Sie hören noch nicht einmal sich selbst zu. Ein Teil des Gesprächs ist, daß wir uns selbst sprechen hören und die Reaktionen der anderen wahrnehmen.

Ein Kollege erzählte mir einmal von einer Zusammenkunft mit einem Geschäftspartner, Rechtsanwälten und einem Klienten. „George war einfach nicht zu stoppen. Er mußte gedacht haben, daß wir alle nur da waren, um seinem Selbstgespräch zuzuhören. Er ist wirklich kein Held, eher ein Hampelmann. Außerdem hat er uns das Geschäft verpatzt. Ich konnte sehen, daß er nervös war und dachte, daß er die Konversation zu bestreiten hatte. Aber er selbst hat sicher kein Wort von dem gehört, was er gesagt hat."

Wenn die Stimme, die wir am meisten bei einer Unterhaltung hören, die unsere ist, so ist es Zeit, etwas dagegen zu tun. Wenn wir denken, daß wir so brillant sind, so unterhaltsam oder so einprägsam, daß die Zuhörer an unseren Lippen hängen, dann kann es sein, daß wir nicht ganz auf die Gruppe „eingestimmt" sind, ganz gleich, ob es eine Sitzung, eine Dinnerparty, ein Geschäftsessen oder ein Diner ist. Es reicht nicht, ein toller Geschichtenerzähler zu sein; man muß auch auf andere eingehen können und die Unterhaltung so lenken, daß sie einbezogen werden.

Schweigen kann nicht nur für den Redner Gold sein, sondern auch für die Zuhörer. Pausen sind erfrischend. Eine richtig plazierte Pause erlaubt den anderen, sich „einzuklinken", ohne das Gefühl zu haben, daß sie unterbrechen.

Wenn wir uns selbst sprechen hören, sollten wir nicht vergessen, daß die anderen es im allgemeinen vorziehen, mit Menschen zu sprechen, die Energie, Begeisterung, Anregungen und Lebensfreude zur Unterhaltung beisteuern. Es stimmt, daß wir unsere Aufgabe als Gesprächsprofi ernst nehmen sollten, aber wir sollten sie nicht *zu* ernst nehmen. Wer unterhält sich schon gerne mit Pädagogen?

Wenn wir den Eindruck haben, daß die Reaktion auf unseren Beitrag und unsere Anwesenheit nicht so ist, wie wir uns das wünschen, könnte ein Seminar zur Förderung von Spontaneität, Zuhören, Improvisationsgeschick oder Humor eine gute Investition sein. Kurse mit Video-Feedback geben uns einen unmittelbaren Eindruck davon, wie wir beim Gespräch auf andere wirken. Ein guter Lehrer oder Trainer kann ebenso hilfreich sein.

Wir können es auch damit versuchen, daß wir die Gesellschaft derer suchen, denen wir nachstreben – anregender, interessanter, selbstsicherer Gesprächskünstler, die sich selbst und anderen zuhören.

Was machen wir bei Langweilern?

Wie hört man denen zu, die langatmig, todernst, ausdruckslos oder langweilig sind – besonders, wenn wir keine andere Wahl haben, weil der andere unser Boß ist oder der Kunde, der noch schwankt, ob er die halbe Million für unser Hardwaresystem hinlegen will?

Ich erinnere mich an ein Seminar mit einem langweiligen Professor, der monoton seinen Stoff abspulte. Aber das war der Mann, der uns prüfte und die Noten vergab! Er hatte alle Trümpfe in der Hand. Also hörte ich zu, machte Notizen und vergaß seinen Stil.

Manchmal kann im übrigen die Art, wie wir zuhören, den anderen dazu beflügeln, interessanter und angeregter zu sprechen. Menschen fangen Feuer, wenn sie davon erzählen, was sie begeistert. Wenn wir ihr besonderes Fachwissen oder Interessengebiet ausfindig machen können, so erwachen sie plötzlich zum Leben und werden regelrechte Konversationskanonen. Das ist natürlich keine absolut sichere

Methode, aber sie wirkt oft genug, so daß der Versuch sich lohnt.

Während einer Vortragsreihe in Georgia wurde ich von einem Angestellten der Firma zwischen Hotel und Kursort hin- und hergefahren. Er war sehr höflich im traditionellen Stil der Südstaaten, und nach 26 Jahren Kalifornien war das eine nette Abwechslung. Aber unsere Unterhaltung war eher farblos, bis ich erwähnte, ich hätte festgestellt, daß mein Hotel ein Arrangement mit einem örtlichen Fitneßclub hatte, und daß ich einen persönlichen Trainer hätte, der mich im Gewichtheben mit Hanteln (nicht mit Kraftmaschinen) anleitete. Wer hätte geahnt, daß er ebenfalls Krafttraining machte! Er war plötzlich ganz aufgekratzt, erzählte, was er am liebsten tat, und fragte mich, was mir dabei am meisten Spaß machte. Er sprach immer schneller und wurde immer aufgeregter, weil er sich nicht nur leidenschaftlich für Körperkultur interessierte, sondern sich auch gut auskannte.

Tips für die Unterhaltung mit Langweilern

1. Passen Sie Ihre Einstellung an. Wenn es um Geschäftliches geht, dann betrachten Sie es einfach als „Hörgeld".
2. Vergessen Sie nicht, daß die Information interessant sein kann, auch wenn der Betreffende ausdruckslos spricht und nicht einmal einen Gesichtsmuskel bewegt.
3. Indem Sie zuhören und Fragen stellen, können Sie ein spezielles Interesse entdecken oder eine Passion, auf die Sie das Gespräch lenken – und plötzlich ist der andere ganz da!

Die Zauberkunst des Zuhörens

Zuhören ist eine besondere Kunst und kann in bezug auf unser Selbstvertrauen, unsere Unterhaltung und Pointen Wunder wirken. In einer Retrospektive der verstorbenen Schauspielerin Audrey Hepburn sagte eine ihrer Kolleginnen: „Sie hatte eine wunderbare Eigenschaft – *sie hörte zu*."

Das ist eine Lektion, die wir von einer wirklich zauberhaften Frau lernen können, die tatsächlich bei Tiffany's frühstückte.

Erinnern wir uns

- Gute Zuhörer werden als gute Gesprächspartner wahrgenommen.
- Falschen Zuhörern, die nur so tun, als ob, kommt man irgendwann auf die Schliche.
- Aktives Zuhören ist Arbeit, aber es bringt uns persönlich und beruflich enormen Gewinn.
- Nicht zuhören kann unsere Karriere, Stelle und unser Image beeinträchtigen.
- Man macht Geschäfte mit Menschen, die man kennt, mag, und denen man vertraut – bei denen man sich wohlfühlt.
- Man fühlt sich wohl bei Menschen, die sich ungezwungen unterhalten und *zuhören*.
- Zum aktiven Zuhören gehören Blickkontakt, das Sicheinstellen auf den anderen, Aufmerksamkeit, passende Antworten und Fragen, die mit dem Thema zu tun haben.
- Unterbrecher sind nicht gern gesehen. Männer unterbrechen mehr als Frauen und sollten sich dieses Problems bewußt sein.
- Nachäffen könnte als Lächerlichmachen ausgelegt werden; der Sache sollte man unbedingt auf den Grund gehen.

7 Spaß muß sein

Humor hat nicht immer etwas damit zu tun, daß man die besten Stories erzählt oder die witzigsten Pointen hat. Es kann auch die Fähigkeit, Humorvolles zu hören oder die Gabe des mitreißenden Lachens sein oder die Fähigkeit, dem Alltag Lustiges abzugewinnen. Das alles sind wunderbare Beiträge zu einer Unterhaltung.

Humor heilt und enthüllt. Im Geschäftsleben kann er Verhandlungen, Präsentationen und Gesprächen das „gewisse Etwas“ geben. Ein guter Vorrat an Anekdoten und die Bereitschaft, sie zum besten zu geben, macht uns zu erfolgreicheren Vermittlern, Gesprächspartnern und Managern. Humor macht unsere Anwesenheit spürbarer.

Ein gemeinsamer Sinn für Humor kann zwei Menschen sehr miteinander verbinden. Eine mir bekannte Berufsberaterin und Autorin hält Humor für das Kernstück einer guten Lehrer-Schüler-Beziehung. Er hilft obendrein, das Eis zu brechen und unsere Wertbegriffe mitzuteilen.

> Ernst ist die letzte Zuflucht des Seichten.
> (Oscar Wilde)

Wo gibt es Humor?

Humorvolles stammt oft aus Alltagssituationen und Ereignissen, zu denen jeder einen Bezug hat. Gemeinsamkeiten halten ein Gespräch in Fluß.

Mein bestes Material stammt von Bekannten, Kunden und guten Freunden. Die lassen so manches bei mir vom Stapel, weil sie wissen, daß sie bei mir eher einen Lacherfolg haben. Das gilt auch umgekehrt. Eines der nettesten Komplimente, das ich je bekam, war von einer befreundeten Beraterin und Psychologin, die mir sagte, sie habe nie geahnt, daß sie witzig sei, bis sie mich traf.

Humor ist überall um uns herum und vor allem in uns. Humor ist eine Lebenseinstellung, die Kombination von Verträglichkeit und Offenheit.

Der „kleine Lauschangriff“

Eine gute Art, Humorvolles in unserer Umgebung mitzubekommen, ist die „Ohren aufzustellen“. Mein „kleiner Lauschangriff“ ist eine meiner besten Methoden, und ich scheue mich nicht, sie anzuwenden.

Ich hörte einmal, wie eine zierliche Frau ihrer Freundin anvertraute, sie müsse abnehmen. Darauf die Freundin: „Mach keine Witze. Du bist so dick wie 'n großes I.“

Die Antwort: „Das Problem ist, daß meine Kleider für ein kleines i geschnitten sind.“

Bei einer Sportveranstaltung im Oakland Coliseum drehte sich ein Mann zu seinem Freund um und sagte: „Dieses Stadium hat echt alles – Pizza, Hühnchen, sogar Aal!“ Sein Begleiter meinte darauf eher skeptisch: „Du kannst mir glauben, wenn ich Aal will, gehe ich gewiß nicht ins Oakland Coliseum.“

Als ich einmal in San Francisco im Flughafen Schlange stand, beobachtete ich einen gutgekleideten Herrn, der Probleme hatte, den Metalldetektor zu passieren. Nach seinem unfreiwilligen Striptease steckte er die Schlüssel wieder in die Tasche, zog sich den Gürtel fest und sprintete seinen Kollegen hinterher, um das Flugzeug nicht zu verpassen. Einer von ihnen fragte ihn, was denn das Problem gewesen sei. „Das ist jedesmal dieses Penisimplantat.“ Seine Kollegen schluckten.

Ich sah ihn lächelnd an und sagte: „Danke, das kommt in mein nächstes Buch."

Seine Antwort: „Bin ich nur froh, daß Sie meinen Namen nicht kennen!" Ich weiß nicht, ob er wirklich Implantate hatte, aber ich weiß, daß er Humor hatte.

„Freie" Hanteln und andere Abenteuer

Unser eigenes Leben ist eine ständige Quelle von Humor, sofern wir die Augen und Ohren offen halten.

Ich trainiere mit Hanteln (2 bis 5 Kilo – diese Klassentreffen können einen sehr motivieren) und tue mein Bestes, um mein Training auch unterwegs beizubehalten. Bevor ich einmal nach Dallas fuhr, rief ich im Hotel an, um herauszufinden, ob es im Fitneßraum auch „freie" Hanteln gab. „Selbstverständlich," war die Antwort. Aber als ich ankam, sah ich, daß es nur Maschinen gab. Der Manager entschuldigte sich für das Mißverständnis und erklärte: „Unsere Angestellte für die Reservierungen macht kein Fitneßtraining und meinte mit 'frei', daß das Training im Preis inbegriffen sei."

Und in der Kategorie „neue Falten" ... Vor einigen Jahren stellte ich eine tiefe Sorgenfalte auf meiner Stirn fest. Ich rief meine beste Freundin an und sagte zu ihr: „Mumsy, sobald das Haus verkauft ist, schnappe ich mir 500 Dollar und laß mir die Falte ausbügeln."

„Das Collagen hält nur sechs Monate", antwortete sie. „Laß es lieber sein!" Ich reagierte etwas kühl, weil ich dachte, sie wollte mir sagen, daß ich so, wie ich war, perfekt war. Aber sie fuhr fort: „Spar dir lieber was zusammen, und dann, in anderthalb Jahren, laß dir *die ganze Stirn liften*!" Naja ...

Wenn wir älter werden, wird unser Körper eine Zielscheibe freundlichen Humors (es kann zum Lachen oder zum Weinen sein). Diane Parente ist eine Imageberaterin, Autorin, Vortragsrednerin und gute Freundin. Sie hat meine Kleiderschränke ausgeräumt und alles entfernt, das ihre Prüfung nicht bestand. Nach einem Einkaufsbummel kam ich mit einem eleganten St.-John-Strickkostüm in Schwarz und Silber zurück, das ich für sie anprobierte. Als ich mich im Spiegel ansah, bemerkte ich mit Schrecken, daß da an den Hüften etwas leicht überquoll. „Weh mir!"

„Parente, ich schwöre dir, das war in Scottsdale nicht da! Das Kostüm paßte wie angegossen. Die müssen da einen Trickspiegel gehabt haben!"

„Susan, mach dir keine Sorgen," entgegnete sie. „Das Problem kriegen wir mit einer Pantyhose leicht in den Griff."

Worauf ich kleinmütig antwortete: „Parente, ich *trage ja schon eine*!"

Als der San Francisco Chronicle einen Bericht mit dem Titel „Neue Creme läßt Hüften schrumpfen" brachte, meinte meine Freundin Lana Teplick aus Boston: „Die Frage ist: Woher weiß die Creme, daß sie auf deinen Hüften ist? Wenn du sie mit den Fingern aufträgst, werden die dann auch kleiner?"

Der blinde Impressionist – Jeanies Lacherfolg

Bei einer Monet-Ausstellung im de Young Museum in San Francisco gab es nur drei unter den 22 Gemälden, die mir wirklich gefielen, und wo ich etwas erkennen konnte. Meine Begleiterin war meine Freundin Jean Miller, der ich mich anvertraute: „Jeanie, ich mag nur drei Bilder. Die anderen sind so verschwommen und unklar. Aus welcher Periode von Monet meinst du, daß die stammen?"

Ohne auch nur einen Augenblick zu zögern, antwortete Jean: „Aus der Periode, wo er blind wurde." Ich habe diese wahre Geschichte mindestens 20 Bekannten, Freunden und Kollegen erzählt – und auch auf der Bühne vor 1200 Kongreßteilnehmern.

Patricia Fripp, die erste Frau an der Spitze des amerikanischen Rednerverbandes, rät zur Vorsicht: „Wir können nicht die Helden in allen unseren Geschichten sein." Die Pointe in meiner Geschichte ging auf Jeanies Konto. Und damit beginnt so manche Unterhaltung über Kunst, Vorlieben, Künstler, Museen, Ausstellungen und ähnliches. Und wenn jemand absolut nicht über Kunst sprechen will, dann kann man es ja mal mit Augenproblemen versuchen.

Humor ist das halbe (Alltags-)Leben

Humor ist teilweise auch die Fähigkeit, die Launen und Ironien des Lebens zu *sehen*. Eine andere ist die, daß man sich an diese komischen Momente *erinnert*.

Jeanne Robertson, eine hervorragende und humorvolle Vortragsrednerin aus North Carolina, empfiehlt, daß wir unseren Tagesablauf unter die Lupe nehmen und uns die Frage stellen: „Was ist daran lustig?"

Eine andere Methode, den Humor im Alltagsleben ausfindig zu machen, sei, die verschiedenen Aufgaben auf unserer Tagesliste der Frage zu unterziehen: Wäre es nicht lustig, wenn ...?" und sie dann humorvoll zu verfremden.

Ihr wichtigster Tip ist das *Aufschreiben*. Wie die Träume, an die wir uns gerade noch am nächsten Morgen erinnern, sind diese lustigen Momente auch bald vergessen, wenn wir sie nicht festhalten (schriftlich oder auf Kassette). Jeanne führt ein „Humorjournal" von Alltagsereignissen, so daß sie Erfahrungen, die sie dann in ihre beliebten Erzählungen einflicht, nicht vergißt. (Wenn Ihnen das Sprechen leichter fällt als das Schreiben, sollten Sie einen Kassettenrecorder oder einen Mini-Disc-Recorder mitnehmen.)

Ich bin keine Witzeerzählerin, aber mein Geschick hat zugenommen, was ich den „Drei Weisen“ in meinem Leben verdanke. Carl LaMell, Sherwood Cummins und Michael LeBoeuf erzählen mir die neuesten, beziehungsweise die mir neuesten Witze. Ich gebe sie dann – mit Quellenangabe – weiter. Aber ich muß die Situation und die Pointe aufschreiben, sonst habe ich sie vergessen.

Sammeln Sie diese witzigen Zitate und Geschichten, und erzählen Sie sie Ihren Freunden und Familienmitgliedern. Wenn sie positiv darauf reagieren, so haben Sie etwas für Ihr Repertoire, das Sie polieren und in einer Geschäftsunterhaltung zum besten geben können. Nicht vergessen: Die Pointe kommt ans Ende!

Heiße Eisen – besser nicht anfassen

Die Verwendung von herabsetzendem Humor – ethnischen oder sexuellen Anspielungen – ist nie angebracht. Schlechtmachen oder schiefe Bemerkungen sind heutzutage weniger verbreitet, weil wir mehr auf Anzüglichkeiten achten, unsere Arbeitswelt immer vielgestaltiger wird und wir hellhöriger auf die Reaktion achten, die diese Art von Humor hervorruft.

Vermeiden Sie stets Humor auf Kosten anderer. Der Knüller des einen ist der Killer des anderen. Fragwürdige Späßchen sind das Risiko nicht wert. Es gibt genug humorigen Stoff in der Welt und in unserem Alltagsleben, als daß wir jemanden oder eine ganze Gruppe herabsetzen müßten, um einen billigen Lacherfolg zu erzielen.

Seien Sie besonders vorsichtig bei Geschäftsgesprächen. Wenn der Zweck eines solchen Gesprächs ist, Verbindungen und Austausch zu schaffen, dann sollte unser Humor diesen Zweck unterstützen – *und nicht untergraben*.

Das ethnische Ethos

Auch wenn wir darauf bedacht sind, abschätzige Bemerkungen zu unterlassen, brauchen wir doch dabei nicht unsere ethnischen und regionalen Ursprünge zu verleugnen, ja, wir können sie sogar, wenn wir vorsichtig sind, zu unserem Vorteil einsetzen.

Eine mir bekannte Medienfachfrau aus den Südstaaten war in einer methodistischen Familie aufgewachsen, wo Humor bei Frauen unterdrückt wurde. „Es war uns nicht erlaubt, Späße zu machen, und wir hatten uns vor lautem Lachen zu hüten. Erst vor kurzer Zeit, als ich eingeladen wurde, vor Gruppen zu sprechen, entdeckte ich, daß ich einen guten Sinn für Humor habe. Das ist mir von allen meinen neuentdeckten Eigenschaften die liebste."

Meine italienischen, irischen und jüdischen Freunde und Freundinnen sind oft in Familien aufgewachsen, wo Lachen an der Tagesordnung war. Wenn Humor dem Schmerz und der Armut entspringt, dann hatten diese Gruppen die besten Voraussetzungen. Der Autor Maurice Sendak berichtete, er sei als Jude mit italienischen und irischen Freunden groß geworden. Er wußte nie den Unterschied zwischen ihnen und dachte nur, daß „die Italiener die fröhlichen Juden waren und die Iren ... die niedergeschlagenen."

Einige der humorvollsten RednerInnen unter meinen Kollegen vom amerikanischen Rednerverband sind aus den Südstaaten. Ihr regionaler Humor und Vortragsstil ist sehr verschieden von meiner Chicago/New Yorker Art, und ich liebe ihre Sicht der Dinge und ihre Stories.

Vorsicht: Nur weil jemand einen Witz über „seine Gruppe" erzählt, sollten Sie nicht gleich denken, daß Sie dasselbe tun können. Ich kann eine Anekdote aus Mumsys Empfehlung bezüglich meines Stirnliftens machen – sie schlug mir sogar eine Liposuktion vor, wo einem das Fett abgesaugt wird! Aber es wäre nicht klug, wenn sich jemand anderes diese Anekdote zu eigen machte, es ist eben meine Geschichte. Noch weniger klug wäre es anzudeuten, daß Mumsys guter Rat nicht ganz ohne Anlaß zustande kam.

Humor wird nicht im Fettnäpfchen serviert

Stimmen Sie sich auf Ihre Zuhörer ein! Verschiedene Zuhörer reagieren unterschiedlich auf Humor.

Sherwood Cummins von *Recreate* ist mein persönlicher Trainer. Während ich mich keuchend und ächzend abmühe, gibt er etwas von seinem Humor zum besten. Allerdings mag er lange, ausufernde Geschichten ohne irgendwelchen Pfiff, und das ist nicht so mein Fall. Ich habe ihm dies gesagt, mit dem Erfolg, daß er nur noch solche Witze erzählt, wo die Pointe im Verhältnis zur Länge steht (je länger die Vorgeschichte, desto pfiffiger muß die Pointe sein). Und ich bin ein zufriedenerer Kunde.

Es macht Spaß, mit Leuten zu verkehren, die voll von witzigen Stories und Gelächter stecken – aber Humor sollte nie zu einem Wettbewerb ausarten, wer die bessere Pointe hat oder die witzigere Antwort. Wer kann's toller, besser, schneller und pfiffiger? Ein Spiel mit Gewinnern hat oft auch Verlierer.

Humor verlangt Urteilsvermögen, und die Kosten eines Patzers können unberechenbar sein. Ist jetzt der richtige Zeitpunkt und Ort für diesen besonderen Witz? Selbst ein gedanklich anregender Austausch kann durch einen unzeitigen Spaß aus dem Geleise geworfen werden.

Zusammen mit anderen, die sich privat oder beruflich mehr oder weniger kannten, war Shana bei einem Gesellschaftsdinner im Haus einer Freundin und Kollegin eingeladen. „Ich erzählte eine Geschichte, die sich auf das Gesprächsthema bezog", sagte sie. „Als ich gerade in der Mitte angekommen war, mußte Ann unbedingt eine sehr lustige Bemerkung anbringen. Nachdem das Gelächter abgeklungen war, fuhr ich fort, und die Geschichte setzte eine Diskussion in Gang. Nochmal kam Ann mit einem Späßchen dazwischen. Diesmal war ich etwas vergrätzt, denn der Einwurf war klar daneben und unhöflich. Ich wandte mich ihr zu und sagte ruhig: 'Du hast ganz offensichtlich nicht zugehört.' Daraufhin nahmen wir die Diskussion wieder auf, und der Abend führte zu einem Gruppenaustausch."

Anns Humor war für diese Situation ungeeignet. Anstatt zum Austausch in der Gruppe beizutragen, unterbrach sie diesen und lenkte die Aufmerksamkeit auf sich. Shana und Ann könnten geschäftlich miteinander zu tun haben, aber Shana hat nicht die Absicht, Ann jemals wieder jemandem zu empfehlen.

Überlegen Sie sich gut, wie Sie Ihre Späße präsentieren, bevor Sie zur „Witzparade" gehen.

Der KAT-Test

Wie wissen wir, ob eine Story, eine Bemerkung oder ein Witz angebracht sind? Hier gibt es einen einfachen KAT-Test, den ihr Witz bestehen sollte:

- **K**-ontext
- **A**-nstand
- **T**-iming

Die Zeiten haben sich geändert und werden sich weiter ändern. Was 1968 oder 1988 passend war, wird es nicht unbedingt auch im Jahre 2000 oder 2008 sein.

Ein Seminarteilnehmer in Dallas sagte mir, er habe eine einfache Regel: „Würde ich es meiner Mutter erzählen?“

Eine andere Leitlinie: „Ist das ein Witz, mit dem ich meinem Kunden, Boß oder Vorstandsvorsitzenden in Erinnerung bleiben möchte?"

Männlicher und weiblicher Humor

Männer und Frauen haben laut Forschungen, die mittlerweile Gemeingut geworden sind, unterschiedliche Arten von Humor. Frauen machen sich eher über sich selbst lustig und setzen sich herab, anstatt andere herabzusetzen. Es gibt mehr als genügend Beispiele dafür. Diese Art von Humor hat zwar ihre Grenzen, denn die Zuhörer fühlen sich nicht wohl in ihrer Haut, wenn man es mit der Selbsterniedrigung übertreibt, aber sie ist nicht so gefährlich wie das rituelle gegenseitige Aufziehen und Herabsetzen, das den männlichen Humor charakterisiert.

Manche Männer sind dabei im Geben und Nehmen völlig locker, aber andere haben dafür weniger Talent. Gehen Sie mit großer Vorsicht vor. Derjenige, den sie da aufgezogen haben, vor allem, wenn es vor einer Gruppe stattfindet, könnte es Ihnen übelnehmen, ohne es Sie aber gleich wissen zu lassen. Erst später, vielleicht bei einem Einstellungsgespräch, kommt es dann heraus. Erfolgreiche Menschen lassen da ihren gesunden Menschenverstand walten, und wenn sie jemandem auf die Zehen treten, entschuldigen sie sich.

Beide Spielarten des Humors, die weibliche wie die männliche, haben ihre Tücken. Erfahrene Gesprächsprofis sollten sich da heraushalten.

Fast ein Himmelfahrtskommando

Gespräche mit Geistlichen verlangen ebenfalls Feingefühl. Meine beste Zehnminutenrede hielt ich zu Ehren von Pater Larry Lorenzoni, einem salesianischen Priester und bekannten Kirchenmann, der sich auf den Weg noch Rom machte, um dort zu arbeiten.

Man hatte mich instruiert: „Um die neuen Freunde von Pater Larry bei diesem Dinner zu vertreten, möchten wir, daß Sie ihm fünf bis zehn Minuten die Hölle heiß machen."

Das machte mich nervös, und ich bat um Klärung. „Sie wollen also, daß ich mich vor 250 von Pater Larrys Freunden, Gemeindemitgliedern und Kollegen, anderen Priestern und Bischöfen hinstelle und vor einer katholischen Gemeinde und Geistlichen einem Priester die Hölle heiß mache?! Das ist ein Himmelfahrtskommando!"

Also hielt ich statt dessen eine Lobesrede, die von Herzen kam – einen Toast anstelle des „Bratens". Es schien mir angebrachter zu sein – und auch ökumenischer.

Humor = Tragödie + Zeit

Die alten Propheten hatten recht. Wie oft haben wir gehört: „Morgen lachst du darüber." Wir wollen es vielleicht nicht glauben, aber wenn wir die Geschichte zum dritten- oder viertenmal erzählen, so stellen wir fest, daß wir hier und da ein bißchen den Tonfall verändern oder eine Pause hinzufügen, um dem Ereignis eine fröhlichere Note zu verleihen. Unsere Zuhörer lachen. Und schließlich lachen wir auch.

Nach dem Talmud ist eine Lektion, die man lachend lernt, eine solche, an die man sich erinnert. Wenn ich das nur als Lehrerin in Chicago gewußt hätte!

Humor und heitere Unterhaltung läßt uns lachen und das Leben genießen. Gemeinsam lachen erzeugt Gemeinschaftsgefühl, kann Übereinstimmung fördern und trägt ganz klar zum Gespräch bei. Wenn Sie mit gutem Humor ausgestattet sind, dann haben Sie gewonnenes Spiel.

Erinnern wir uns

- Humor ist Tragödie plus Zeit.
- Eine heitere Lebenseinstellung zieht andere an.
- Abschätzige und „schräge" Witze und Stories können andere abstoßen. Vermeiden Sie Späße auf Kosten anderer.
- Haben Sie ein Ohr für die lustigen Begebenheiten des Alltags. Schreiben Sie sie auf, und üben Sie sie mit einer Pointe am Ende ein.
- Vergessen Sie nicht den KAT-Test: Kontext, Anstand, Timing.

8 Wie man in der Menge glänzt

Sie sind auf einer Cocktailparty im Anschluß an das jährliche Treffen Ihrer Firma, auf einem Kongreß, einer Messe, einer Wohltätigkeitsveranstaltung oder der Hochzeit Ihres Neffen. Der Raum ist voll, ein paar Hundert Leute, von denen Sie die meisten nicht kennen.

Sie sollen sich nun unters Volk mischen, Leute ansprechen und gesellig sein. Aber wie? Wo sollen Sie anfangen?

Dieses Kapitel befaßt sich damit, wie man in der Menge glänzt, und wie man aus einem Raum voller Unbekannter eine Gelegenheit für Geschäfte und gesellschaftlichen Erfolg macht – und obendrein noch Spaß daran hat.

Wer sind diese Leute eigentlich?

90 Prozent der Menschen, denen wir bei solchen Anlässen begegnen, arbeiten hart, haben Familie und Hobbys und schlagen sich mit demselben Wetter, derselben Wirtschaftslage, denselben Computerpannen herum wie wir. Sie haben ihre Lieblingsrestaurants, -musik, -bücher und -mannschaften. Ob Chef, Vorstandsmitglied, Klient, Kollege, Mitarbeiter oder Freund – das gibt's in jedem Leben.

Die meisten Menschen sind nicht nur menschlich, sondern haben auch vieles mit anderen gemein. Die meisten von uns wurden dazu erzogen, rücksichtsvoll und höflich zu sein, und gute Unterhalter wollen wir auch sein.

Das erste, was uns bewußt sein sollte, wenn wir uns unter die Menge mischen, ist, daß die Leute da draußen mit uns sprechen wollen. Sie sind genauso darauf aus wie wir, Kontakte zu knüpfen, sich zu entspannen, sich zu unterhalten, auszutauschen und andere kennenzulernen.

Sicher gibt es einige darunter, die Schwierigkeiten haben, das zu vermitteln. Sie wirken vielleicht zu geschäftig oder zu bedeutsam, als daß sie mit uns sprechen würden. Oder sie wirken gelangweilt oder einfach unnahbar. Aber bei den meisten von uns ist das lediglich eine Maske, hinter der wir die Tatsache verstecken, daß wir verletzlich sind.

Dann gibt es da diejenigen, die es schlichtweg übertreiben, die überall mitmischen wollen, sei es zum „Spaß an der Freude“ oder aus Gewinnmotiven, und zwar so, daß es eher peinlich und unaufrichtig wirkt. Aber auch sie verbergen so vielleicht nur ihre Unsicherheit und Nervosität.

In dieser Menge selbstsicher und unbefangen zu „baden“, setzt eine bestimmte Einstellung voraus – die nämlich, daß man andere Menschen mag, gerne auf sie zugeht und mit ihnen Kontakt aufnimmt.

Unser Hilfsmittel zum Herstellen einer Verbindung ist die Unterhaltung. Woody Allen hatte unrecht, als er sagte: „80 Prozent des Lebens ist Zeit absitzen.“ Einfach nur da sein, ist *nicht* genug; das ist nur der erste Schritt in Richtung Schwelle. Wenn wir dann nicht eintreten, verpassen wir alle Gelegenheiten, die sich uns auf der anderen Seite bieten.

Ich war einmal bei einem Bankett für über 100 Gäste zu Ehren von Gwen Chan, meinem langjährigen Freund und Nachbarn in San Francisco, der zum „Lehrer des Jahres“ gekürt worden war. Ich saß an einem Tisch mit acht Gästen, die alle Freunde Gwens waren und ein Interesse an Erziehung hatten, aber der einzige, der sich mir vorstellte, war ein Nachzügler, der Trainer einer Basketballmanschaft, die gerade knapp ein Spiel verloren hatte. Ich war eine Außenseiterin in der Gruppe, und wie wir Außenseiter behandeln, spricht Bände über unsere soziale Intelligenz, Sitten, Gruppenverhalten und Gesprächsgeschick. Immer, wenn ich zögere, auf einen anderen zuzugehen, besonders in einer Gruppe, erinnere ich mich daran, wie ich mich an jenem Abend fühlte. Dann mache ich den ersten Schritt und stelle mich vor.

Vorsichtig aufs Parkett

Ob Sie den Fuß in eine Cocktailparty für Hunderte von Menschen setzen, in einen Vortragsraum, einen Ballsaal oder auf eine Zuschauertribüne – halten Sie kurz inne; und holen Sie tief Luft. Nehmen Sie das Ganze in Augenschein, damit sie den Wald und die Bäume sehen (und auch die Fallen). Wo sind die Bars? Das Buffet? Die Gruppen? Die Einzelstehenden? Prägen Sie sich ein, wie sich die Leute benehmen. Halten Sie beim Eintreten den Kopf hoch und gehen Sie auf den Gastgeber zu oder auf die Person am Empfang oder Menschen, die Sie erkennen (aber ohne sich den Abend über an ihre Rockschöße zu hängen).

Haben Sie immer noch ein schwummriges Gefühl? Um in einer Gruppe anzukommen, müssen wir uns vorbereiten und die Strategien einüben, die uns unsere Befangenheit nehmen und unsere Konversation erfolgreich machen. Was hält uns davon ab, uns bei gesellschaftlichen Ereignissen wohlzufühlen? Nehmen wir einmal einige der bekannten und erkennbaren Hindernisse unter die Lupe – und die Mittel, um sie aus dem Wege zu räumen.

(Un-)heimliche (Un-)bekannte

Als wir heranwuchsen, haben unsere Eltern uns vielleicht eingeschärft: „Fang kein Gespräch mit Fremden an!"

Manche von uns befolgen diesen Rat unbewußt immer noch, auch wenn er gar nicht mehr nützlich ist, denn wir wollen ja beruflich vorankommen oder umsatteln, wollen unsere Geschäfte ausweiten oder einfach unser Leben genießen. Wenn wir beim Essen unseres Berufsverbands, beim Empfang der Handelskammer oder bei einer von einem Kunden gesponserten Soiree Unbekannte „schneiden", so werden wir uns nicht nur schrecklich langweilen, sondern auch Gelegenheiten verpassen.

Die Abhilfe: Definieren Sie „Fremde" neu. Stellen Sie sie sich als Freunde vor, denen Sie nur noch nicht begegnet sind. Oder möglicherweise als Menschen, mit denen man manches gemein hat – Beruf oder Geschäft, Verband oder Förderung eines gemeinnützigen Zwecks (Behinderte, Brustkrebs, Nachbarschaftshilfe). Diese Gemeinsamkeit gibt uns eine Basis für die Unterhaltung.

Mein Tip: Bevor Sie irgendwo hingehen*, überlegen Sie sich, was Sie mit den bei diesem Anlaß Anwesenden gemeinsam haben.* Das ist eine ständige Hausaufgabe, die, wenn gemacht, Sie zum Klassenbesten befördert. Sobald Sie einmal einen gemeinsamen Nenner gefunden haben, liegen die Themen auf der Hand. Das führt zu Vertrauen, und Vertrauen zieht Menschen an.

Sprich nur, wenn du gefragt (oder vorgestellt) wirst

Viele von uns wurden dazu erzogen, nur mit Menschen zu sprechen, denen wir „richtig vorgestellt" worden sind. Und wir erwarten, daß uns jemand diese Arbeit abnimmt, vor allem mit Begeisterung und ein paar Vorschußlorbeeren.

Pustekuchen! Niemand wird es tun! Wir sind da auf uns selbst angewiesen.

Die Abhilfe: Üben Sie eine sieben- bis neun Sekunden dauernde, ansprechende Selbstvorstellung ein.

Tips zur Selbstvorstellung

1. Ihre Selbstvorstellung sollte sieben bis neun Sekunden dauern; über 30 Sekunden hinausgehende Selbstdarstellungen sind *unpassend*.
2. Bewegen Sie sich auf den andern zu. Dieses Aus-sich-Herausgehen ist das Zeichen eines guten Gastgebers. Vergessen Sie jedoch nicht, daß jeder etwa einen halben Meter Freiraum braucht, und in den sollten Sie nicht eindringen.
3. Begleiten Sie Ihre Vorstellung mit einem Lächeln und einem festen Händedruck (nicht quetschen!).
4. Seien Sie kreativ! Teilen Sie mehr mit als Name und Rang. Für geschäftliche Zwecke geben Sie an, was Sie beruflich tun.

Hier ein Beispiel: Der EDV-Berater und Webmaster Ken Braly sagt: „Guten Tag. Ich bin Ken Braly. Ich nehme Technikmuffels die Angst vor Computern. Freut mich, Sie kennenzulernen.“ Kens Gesicht, Haltung und Ton *verstärken*, daß er sich freut. (Vergessen Sie nicht, daß Verhalten, das unsere Worte nicht unterstützt, das Gegenteil bewirkt.)

Kens Vorstellung liefert genügend Information und erzeugt genügend Neugier, so daß man ihn fragen könnte:

- „Was meinen Sie damit?“
- „Bei wem arbeiten Sie?“
- „Wie würden Sie aus einem Technikmuffel wie mir einen Technikguru machen?“

Oder Sie können antworten:

- „Toll! Ich könnte Ihre Hilfe brauchen.“ (Meine Variante!)
- „Ich habe einen Freund, der Angst vor seinem Computer hat und deswegen Kunden verliert.“

Darauf Ken:

- „Hier ist meine Karte. Wie ist es, wollen wir gleich einen Termin ausmachen?"
- „Was für ein Geschäft hat Ihr Freund?"

Je mehr Information wir unserem Gesprächspartner in diesen sieben bis neun Sekunden geben, desto mehr Köder haben wir ausgelegt.

Machen Sie Ihre Selbstvorstellung energievoll und begeistert, mit dazu passendem Gesichtsausdruck und unterstützender Gestik. Verwechseln Sie jedoch dieses Buch nicht mit einem Handbuch für Stadt-Guerilla-Taktiken. Es hat etwas mit gesellschaftlichem Geben und Nehmen, verbaler Kommunikation und der Kunst der Konversation zu tun, um Ihren Erfolg in geschäftlichen Dingen und bei gesellschaftlichen Anlässen zu unterstützen. Was Strategien zum Über-den-Tisch-Ziehen, Austricksen und Ausquetschen betrifft, überlasse ich das Feld lieber anderen.

Wer sich dem „Belanglosen" verschließt, verschließt sich auch „Sachen von Belang"

Wir haben gemerkt, daß manch einer tatsächlich „leeres Geschwätz" verschmäht, um nicht als seicht zu gelten. Von dieser Einstellung müssen wir uns lösen, wenn wir uns vergnügen und in Gruppen wohlfühlen wollen.

Die Abhilfe: Vergessen Sie nicht, daß der Erfolg einer zwanglosen Unterhaltung davon abhängt, mit welchen Themen wir den Kommunikationsprozeß beginnen. Nicht vielen von uns fällt es leicht, auf jemanden zuzugehen und gleich über Bosnien, Uranschmuggel, Hungersnot im Sahel oder das Abholzen der Regenwälder loszulegen.

Mein Tip: Klein anfangen und dann aufbauen. Es ist leichter, mit einem Thema wie dem Anlaß der Veranstaltung, dem ungewöhnlichen Wetter, beruflichen Themen oder auch der appetitlichen Brokkoli-Dekoration am Buffet anzufangen. Leichte Unterhaltung ist die Art, mit der wir Beziehungen pflegen und aufbauen – und diese Beziehungen können in erstaunlicher und unerwarteter Weise aufblühen. Small talk – Belangloses – baut Beziehungen, Wertschätzung und Verbindungen auf.

Das neue Disney-Programm der American Broadcasting Corporation (ABC) wurde nicht in einem Vorstandszimmer oder bei einem Geschäftsdinner aus der Taufe gehoben, sondern bei einer gemeinsamen Wanderung der beiden Initiatoren während der Ferien.

Natürlich können wir nicht erwarten, daß wir bei jedem gesellschaftlichen Ereignis einen dicken Fisch an die Angel bekommen, aber ich lasse nie von *RoAnes Geschäfts- und Vermarktungsprinzip ab: Man kann nie wissen!*

Gehen Sie zu einer Veranstaltung mit einem Ziel, aber sein Sie offen für Unerwartetes – das, was eintritt, während wir etwas anderes erwarteten.

Warten auf Godot

Eine andere Kindheitsmaxime war: „Gut Ding hat Weil" beziehungsweise „Eile mit Weile". Das gilt nicht fürs Kontakteknüpfen! Die RoAne-Version für das 21. Jahrhundert ist: *Der Apfel fällt dem in den Schoß, der den Baum schüttelt.* Vergessen Sie nicht: Wenn wir darauf warten, daß andere auf uns zukommen, werden wir höchstens Moos ansetzen und Falten und Krampfadern vom Herumstehen bekommen.

Mein Tip: Werden Sie sich klar darüber, warum Sie zu dieser Veranstaltung gehen, und verlassen Sie nicht das

Haus, bevor Sie sich gut darauf vorbereitet haben. Das wird Ihnen Mut und Schwung geben, den Raum zu durchqueren, auf jemanden zuzugehen und sich vorzustellen.

> Daß etwas einfach ist, heißt nicht, daß es leicht ist.
> (I'll fly away, PBS)

Grundlegendes: Die Nettigkeiten

Im Zweifelsfall können wir immer auf eine übliche, passende Begrüßung zurückgreifen – mit ein paar anschließenden Nettigkeiten. In dem Begriff „Nettigkeiten" stecken Wärme und Höflichkeit. Beides können wir mit Lächeln, Energie und einem festen Handschlag vermitteln. Hier ein Beispiel:

SO: „Guten Tag. Ich bin Sally Osmun, die Leiterin der Verkaufsabteilung unserer Firma in Kalifornien. Nett, Sie kennenzulernen."

LC: „Freut mich auch. Ich bin Larry Cohen von der Zweigstelle in Sioux City. Von welcher Niederlassung kommen Sie?"

SO: „Carmel."

LC: „Haben Sie aber Glück! Ich war nur einmal drei Tage dort und habe mich gleich in die Gegend verliebt. Ich hatte immer die Absicht, mal die 18 Löcher in Pebble Beach zu spielen."

SO: „Golf spiele ich nicht, aber die Golfer unter meinen Bekannten behaupten, es ist einer der besten Plätze. Ich war da mal bei einem Golfturnier, weil unsere Firma dort eine Boutique sponsert." (Zurück zum Geschäft)

LC: „Hat das für unsere Firma irgendeinen Nutzen gehabt? Ich meine, was den Verkauf betrifft?"

Wir brauchen nicht alles zu wissen oder auch nur eine Menge über ein Thema zu wissen, um uns darüber unterhalten zu können. Wir müssen nur einigermaßen belesen sein oder uns gut genug auskennen, um gute Fragen stellen zu können, oder uns auf die Aussagen von Freunden berufen, wie das bei Sally mit Pebble Beach der Fall war.

Die Zauberformel: Gastgeber spielen

Der Autor von *Skills for Success*, Dr. Adele Scheele ist der Ansicht, daß die in Gesellschaft Erfolgreichen nicht herumstehen „in Erwartung der Dinge, die da kommen", sondern ihrem angeborenen Trieb zur Liebenswürdigkeit folgend sich so verhalten, als seien sie der Gastgeber selbst.

Gastgebern liegt es am Herzen, daß der Gast sich wohlfühlt. Sie bemühen sich, die Anwesenden miteinander ins Gespräch zu bringen. Sie begrüßen andere, geben ihnen das Gefühl, willkommen zu sein, stellen sie einander vor, erzählen ihnen Stories, stellen Fragen und *hören ihren Antworten zu.* Gastgeber empfehlen sich freundlich und höflich, sobald ihr Schützling Kontakt gefunden hat.

Das Wunderbare daran ist, wie man mir berichtet, daß „ich mir niemals träumen ließ, ich könnte oder sollte so die Initiative ergreifen. Aber wenn ich es als meine Aufgabe sehe, Menschen zusammenzubringen, ihnen ihre Befangenheit zu nehmen, die Konversation in Gang zu halten und sie einander vorzustellen, dann *bin ich tatsächlich selbst viel entspannter*."

Die Teilnahme an gesellschaftlichen Ereignissen beinhaltet zweierlei – *interessant* sein und *interessiert* sein. „Gastgeber spielen" fordert uns auf, beides zu tun. Wenn wir Interesse an anderen haben, so hinterlassen wir einen bleibenden Eindruck. Das bedeutet, daß der andere mehr mit nach Hause nimmt als unsere Visitenkarte.

Ein Tip: Wenn Sie wirklich der Gastgeber sind oder Angehöriger der veranstaltenden Organisation, dann verhalten Sie sich auch so! Seien Sie einladend, warmherzig – die Gastlichkeit in Person.

Das Begrüßungskomitee

Die freiwillige Teilnahme an einem Begrüßungskomitee eignet sich hervorragend dazu, unser Geschick als Gastgeber zu kultivieren. Auf diese Weise wird es unsere Aufgabe, auf andere zuzugehen, sie zu begrüßen oder anderen vorzustellen.

Wir müssen so unsere Hemmungen überwinden und bekommen eine Chance, uns im Selbstvorstellen und im Anknüpfen eines Gespräches zu üben. Beides wird uns mit der Zeit leichter fallen und natürlicher sein.

Als Mitglieder des Begrüßungskomitees begegnen wir auch den meisten Menschen. Andere willkommen zu heißen, bereitet uns selbst Freude, zieht andere Menschen an und gibt uns mehr Selbstvertrauen.

In dieser Funktion lernt man, daß die „80 : 20-Regel" – daß nämlich 80 Prozent der Menschen nett sind und auf unsere Gesprächsinitiative eingehen, 20 Prozent aber nicht – nicht ganz zutrifft. Das Verhältnis ist jetzt eher 90 : 10. Der Lohn für Gastlichkeit und Begrüßung ist das Risiko allemal wert.

Vorbereitung: Die fünf Trümpfe

Es ist leichter, in der Menge zu glänzen, wenn wir uns selbstsicher fühlen, und das tun wir, wenn wir vorbereitet sind. Hier sind einige Dinge zum Vorbereiten:

1. *Einstellung:* Könner unter den „Socializern“ (Gastgebern) sagen, daß sie sich auf Anlässe freuen. Sie mögen Menschen und „finden sie interessant“.
2. *Ziel*: Kommen Sie mit einem Ziel! Sie wollen mehr Überblick, neue Kontakte, Goodwill oder gute „public relations“. (*Warnung:* Lassen Sie sich von Ihren Zielen leiten, aber nicht blenden!)
3. *Visitenkarten*: Man hat nie genug davon! Haben Sie sie immer parat (sie sollten lesbar sein). Visitenkarten erinnern an Gespräche, ersetzen diese aber nicht!
4. *Konversation*: Haben Sie für den Anlaß fünf offene Fragen und fünf Stories oder Themen, auf die Sie sich vorbereitet haben.
5. *Lächeln.* Halten Sie Blickkontakt und lächeln Sie. Das ist ein wesentliches Anzeichen dafür, daß wir offen sind und uns auf unseren Gesprächspartner ganz einstellen.

Ein freundlicher Gesichtsausdruck, Blickkontakt und eine einladende Haltung sind die Signale von Gesprächsbereitschaft. Nie wird jemand sagen: „Sieh mal, da ist ein finsterer, bös’ dreinschauender Sauertopf. Den muß ich kennenlernen!“

Um ansprechbar zu sein, müssen wir uns auch passend verhalten. Einige Autoren und Fachleute empfehlen, aus dem Rahmen zu fallen, sich auffällig zu kleiden und provozierende Bemerkungen zu machen, um aufzufallen. Aber Auffallen kann ein Reinfall sein, wenn wir mit Worten und Verhalten bei anderen Unbehagen oder Mißfallen erzeugen. Seien Sie vernünftig und gebrauchen Sie Ihren gesunden Menschenverstand.

Die Nasch- und Knabber-Networkstunde

Wird bei einem Anlaß Essen serviert, so nehmen wir es meist gedankenlos zu uns. Sich essenderweise zu unterhalten, erfordert Gleichgewicht, im konkreten wie im übertragenen Sinne, und man muß ganz schön auf Draht sein.

Es ist stets unpassend, sich mit vollem Munde zu unterhalten oder sich den Teller so vollzuhäufen, daß es auffällt. Auch ist es schwierig, mit Teller, Getränk und Visitenkarten zu jonglieren. Um diesen Balanceakt zu meistern, ißt man zunächst und wäscht sich dann die Hände (oder man nimmt ein Papierhandtuch). Jetzt ist auch der Moment, um den Lippenstift neu aufzutragen. Und dann schreitet man in die Runde.

> Iß nie mehr, als du heben kannst.
> (Miss Piggy)

„Flüssige" Konversation?

Ein paar kurze Worte zu den Getränken. Bei einem geschäftlichen oder fast geschäftlichen Anlaß wollen wir ja, daß unser Verhalten besticht. Seien Sie also bei den Getränken eher konservativ.

Was können Menschen, die keinen Alkohol trinken, in einer Gesellschaft tun, die nur allzu gerne ins Glas schaut? Mancher holt sich nur eine Cola und unterhält sich. Andere nehmen sich einen Drink bloß als Attrappe. Manche Gesprächsprofis und Kenner in Firmendingen, die ich interviewte, sagten mir, daß es *kein* Problem sei, wenn man keinen Alkohol trinke. Andere meinten, daß es ihnen selbst zwar nichts ausmachte, wenn jemand abstinent sei, aber einige ihrer Kollegen hätten doch ein Problem damit.

Bei Anlässen, bei denen man mit potentiellen Kunden zusammenkommt, ist Mäßigung das Maß.

> Der einzige wirkliche Rausch ist die Konversation.
> (Oscar Wilde)

Wo man das Namensschild trägt

Tragen Sie Ihr Namensschild immer auf der rechten Seite. So ist es genau in der Blicklinie, wenn Sie die rechte Hand zur Begrüßung ausstrecken. Falls Sie das Namensschild selbst ausfüllen, so nehmen Sie einen Marker, damit Ihr Name gut sichtbar ist. Schreiben Sie etwas dazu, was die Neugier der anderen weckt – vielleicht etwas, das ihren Eigennutz anspricht.

Beispiele

- Ein Masseur schrieb „Knetmeister". Das weckte die Neugier und war eine Einladung für weitere Fragen.
- Ein humorvoller Arzt schrieb „Medizinmann".

Namensschilder sind Konversationsstarter. Wenn Sie eine Konferenz organisieren, wo die Namensschilder ausgedruckt werden, so tragen Sie dafür Sorge, daß GROSSE BUCHSTABEN verwendet werden. Falls Firmenname, Titel und Ort angegeben sind, kann ein anderer diese Information benutzen, um ein Gespräch anzuknüpfen.

Rhonda Abrams, Kolumnistin für einen Kleingewerbeverband und Beraterin, sagt, daß sowohl bei geschäftlichen wie auch gesellschaftlichen Anlässen die Frage „Woher stammen Sie" eine gute Eröffnungsfrage ist. In San Francisco, wo Einheimische eher die Ausnahme sind, ist das immer ein Treffer. Und sollte der Betreffende tatsächlich aus San Francisco stammen, um so besser!

Die Sache mit dem Namen: Wie war er doch gleich?

Man hört Namen und man vergißt sie. Nach Aussage von Anneliese Batius, einer Psychologin an der Harvard Medical School ist „das Vergessen Bestandteil des normalen Erinnerungsvermögens." Gedächtnislücken sind normal. Was tun, wenn einem der Name entfallen ist?

Tips

1. *Sagen Sie die Wahrheit.* Vergeuden Sie nicht Ihre Zeit mit dem Versuch, sich daran zu erinnern, welche Eselsbrücke Sie sich gebaut hatten, um sich den Namen zu merken – irgend etwas wie „Katze im Bottich oder Hut auf dem Kopf." Sagen Sie einfach: *„Na, das war ja heute ein Tag! Ich erinnere mich an Sie. Wie war doch Ihr Name?"* Sagen Sie es mit einem leichten Tonfall der Entschuldigung. Das versteht jeder, denn jedem ist es schon passiert.
2. *Strecken Sie die Hand aus, und sagen Sie Ihren Namen.* In 90 Prozent aller Fälle geht der andere darauf ein. Glauben Sie mir: Wenn Sie seinen Namen vergessen haben, hat er den Ihren auch vergessen. Indem Sie Ihren Namen nennen, nehmen Sie dem anderen seine Befangenheit und geben ihm den Anlaß, auch seinen Namen zu nennen. So braucht sich niemand mit dem Namenkramen abzumühen.

Es gibt gar keinen Grund, jemanden in Verlegenheit zu bringen, weil er Ihren Namen vergessen hat. Auf diese Weise kommt keine Konversation in Gang. Gesprächsprofis tun so etwas nicht. Erfolgreiche Konversationspartner bauen Brücken statt Barrieren.

Das Namenspiel

Falsche Begrüßung: „Guten Tag, Herr Bichlbauer! Schön, Sie nach so vielen Jahren wiederzusehen."

Richtige Begrüßung: „Guten Tag. Ich bin Sherman Oaks. Nett, Sie wiederzusehen."

Antwort: „Alois Bichlbauer aus München. Freut mich auch."

Absolut schlimmste Begrüßung: „Hallo, Herr Bichlbauer! Erinnern Sie sich noch an mich?"

Geben Sie sich Mühe, die Namen der Gesprächspartner zu behalten. Lesen Sie ihr Namensschild, oder wiederholen Sie den Namen, wenn Sie vorgestellt werden. Stellen Sie sich auf den anderen ein und sehen Sie ihn an, wenn Sie seinen Namen aussprechen. Seien Sie ganz bei der Sache bzw. bei der Person, und nicht etwa schon bei Ihrem nächsten Gesprächshäppchen. Versuchen Sie nach Kräften, sich den Namen zu merken, aber seien Sie nachsichtig, mit sich selbst, wenn er Ihnen entfallen ist.

Konversationsgenies sind ein höfliches Volk. Sie überlassen es anderen, selbst das Gesicht zu wahren und jemand anderen auflaufen zu lassen. Bei einem Treffen der hiesigen Handelskammer wurde ich einer Frau vorgestellt und sagte: „Freut mich, Sie kennenzulernen."

Ihre Antwort war eisig: „Wir haben uns bereits kennengelernt." Auweia! Schluck!

Eine bessere, freundlichere Anwort wäre gewesen: „Nett, Sie so schnell wiederzusehen. Ich bin Carmen Sandiego."

Konversationsstarter

Es ist leichter, auf eine Person zuzugehen anstatt auf zwei oder mehr. Was aber, wenn der andere schüchtern ist, neu, oder einfach befangen? Hier sind ein paar Eisbrecher:

„Guten Tag, mein Name ist Oskar Meyer."

1. „Sind Sie Mitglied?"
2. „Wie oft waren Sie schon auf dieser Messe?"
3. „Ihre Krawatte gefällt mir. Ist das Seide?" (Selbst wenn das nicht der Fall ist, haben Sie ihn an der Krawatte!)
4. „Waren Sie schon mal in diesem Museum? An diesem Ort?"
5. „Dieses Hotel ist erstklassig, seitdem sie umgebaut haben."

Sagen Sie etwas. Irgend etwas. Warten Sie nicht auf eine brillante Eingebung. Die gibt es nicht. Selbst ein „Hallo" ist schon der erste Faden, mit dem man einen anderen in ein Gespräch „verwickelt".

Gewußt, wer

Wie sprechen wir Menschen an, die in einer Führungsposition stehen? Mit gutem Benehmen, Respekt und dem richtigen Titel. Verwenden Sie die Anrede Herr, Frau (Doktor, Professor, Hochwürden, Herr General etc.) Zum Du (oder zum Vornamen bei amerikanischen Gesprächspartnern) übergehen sollten Sie natürlich erst dann, wenn es Ihnen angeboten wird. Allzu familiäres Verhalten schadet eher. Ist das altmodisch? Vielleicht – aber was ist das Risiko? Daß jemand uns eines guten, altmodischen Benehmens zeihen wird? Das werden wir überleben! Die Alternative dazu ist, sich wegen saloppen Benehmens einen zweifelhaften Ruf zu machen.

Konversationsstarter

Allgemeine Erfahrungen eignen sich immer als Konversationsstarter. Versuchen Sie es mit:

- Dem Organisator oder dem Anlaß
- Dem Veranstaltungsort
- Dem Ausblick
- Dem Essen (schmeckt oder schmeckt nicht). Aber nicht nörgeln!
- „Bitte reichen Sie mir ...“ „Möchten Sie ... (Brötchen, Dressing, Zucker)
- Einer Bemerkung wie: „Ich hatte vergangene Woche ein tolles Buffet bei der Messegesellschaft.“
- Oder umgekehrt einer Frage wie: „Und wo fand das statt?“

Sich gekonnt einmischen

Wie gesellen wir uns zu einer Gruppe, die sich bereits angeregt unterhält?

Zunächst einmal verringern Sie das Problem, indem Sie nicht mehr als eine Viertelstunde zu spät kommen. Befragungen von kontaktscheuen Menschen haben ergeben, daß sie lieber früh kommen, um nicht in einen Raum voller Gäste treten zu müssen. Wenn Sie als einer der ersten da sind, werden die anderen eher auf Sie zukommen, besonders, wenn Sie ihnen zulächeln und Blickkontakt herstellen. Stoßen Sie dazu, wenn der Prozeß des Kennenlernens bereits im Gange ist, so stellen Sie sich dem Gastgeber oder der Person am Empfang vor. Lassen Sie dann Ihren Blick durch den Raum streifen und suchen Sie sich die lebhafteste Gruppe von drei bis fünf Personen aus. Es ist schwerer, auf zwei Personen zuzugehen, die vielleicht ein intimes oder sonstwie wichtiges Gespräch führen. Bei zwei Personen könnten wir ein Eindringling sein; bei drei und darüber gesellen wir uns lediglich dazu.

Um sich in eine Gruppe einzufügen, bleiben Sie zunächst am Rande stehen. Ihre Körpersprache und ein gelegentliches „Mmh“, Nicken und Lächeln signalisieren freundliches Interesse. Wenn jemand Sie mit Wort, Blick oder Gesichtsausdruck in die Gruppe einlädt, stellen Sie sich vor und sagen etwas Nettes. Haben Sie keine Angst, daß Sie nichts beizutragen hätten. Es ist höchst unwahrscheinlich, daß es um Quantenphysik geht oder um andere Themen, von denen Sie keine Ahnung haben.

Vorsicht: Das ist nicht der Moment für eine 30-Sekunden-Selbstdarstellung! Wir sind zu dieser Konversation eingeladen, sind jedoch nicht der Star. Ob Sie es glauben oder nicht, aber ich bin von ein paar Leuten gefragt worden, wie man in eine Gruppe eindringen und die leichte Konversation zu einem „Businessgespräch" umfunktionieren kann. Und natürlich ist es dann *ihr* Geschäft, *ihr* Thema. Meine Antwort ist stets: „*Sehr behutsam oder gar nicht*."

Eine andere Strategie, in eine Gruppe einzudringen, ist die, eine Frage zu stellen oder eine Bemerkung zu machen, die etwas mit dem Gespräch zu tun hat. Seien Sie jedoch auch hier vorsichtig! Fragen und Bemerkungen über Orangen bei einem Gespräch über Äpfel sind fehl am Platz. Hier sind ein paar gute Fragen:

- „Wie war Ihre Reaktion ...?“
- „Haben Sie von ... gehört?“
- „Was meinen Sie zu ...?“

- „Ja, aber ...“ oder besser: „Ja, und ...“
- „Übrigens ...“
- „Haben Sie sich schon mal gefragt, wie sich das auf ältere Menschen auswirken wird? (Und ohne eine Pause zu machen) Meine Großtante lebt in einem Seniorenstift, und ihre Freunde sind sehr besorgt über die ganze Geschichte mit der Pflegeversicherung.“

Sie können sich auch mit einem Kompliment Zugang verschaffen, oder indem Sie dem Wortführer beipflichten. Robert Mayer, der Autor von *Power Plays*, ist ein Verfechter der „Allianztaktik“: „Pflichten Sie dem Wortführer bei und verbinden Sie seinen Standpunkt mit dem Ihren. Die Zustimmung nimmt der Unterbrechung den Stachel.“

Gruppengespräche: Warum wir sie mögen

Die meisten Menschen mögen die direkte Begegnung. Die Tendenz hin zu kleineren Gesprächskreisen verdankt ihren Aufschwung dem Bedürfnis, mit anderen dynamischen, geistig regen und interessanten Menschen zusammenzukommen, um sich so über wesentliche Anliegen und Ideen auszutauschen. Die Gesprächskreise haben die verschiedensten Hintergründe. Dr. Victor Harnack von der Universität Illinois sagt, wenn Gesprächskreise das Forum für diejenigen sind, die ihren Gesprächspartner gerne sehen wollen, so ist das Internet heutzutage die elektronische Variante.

Wir haben zwar alle unsere eigenen Vorstellungen von einem „guten Gespräch“, aber eine angeregte Gruppendiskussion ist ein Gespräch, das Interesse weckt und Energie hat, das niemanden ausschließt und sich aus den Bemerkungen und Beiträgen der Teilnehmer aufbaut. Witze geben dem Austausch eine angenehme Würze. Es kann jedoch auch ein tiefgründiges, informatives oder spaßiges Gespräch sein.

Damit die Konversation in diesen Bahnen verläuft, müssen wir gute Urteilskraft haben. Werden unsere Kommentare zum Gespräch *beitragen* und auf dem aufbauen, worüber gesprochen wird? Oder werden sie den Gesprächsfluß eher unterbrechen und die Aufmerksamkeit zu sehr auf uns lenken? Ist das damit verbundene Risiko (unter anderem womöglich den Wortführer zu verärgern) die Sache wert? Wenn wir meinen, daß wir dem Gruppengespräch mehr Schwung und Qualität geben können, könnte die Antwort „Ja" sein. Wenn Sie so gefordert sind, bedenken Sie dabei zwei Dinge:

1. Die Gruppe. Wer gehört dazu? Vorgesetzte, Wettbewerber, Mitarbeiter, Verwandte? Was ist die Position eines jeden?
2. Ihre Bemerkung, Antwort, Entgegnung. Könnte sie in dieser Gruppe einen Bumerang-Effekt haben? Wird sie zum Abbau von Grenzen beitragen? Könnte man sie als Provokation auslegen? Könnte sie Mißvergnügen erzeugen? Wird sie die Gruppendynamik verändern? Wird sie das Thema treffen oder eine Spannung lösen? Wird sie jemanden verletzen? (Wenn Sie einen verletzen, könnte Ihnen die ganze Gruppe verlorengehen.)

> Der Charakter wird durch drei Dinge geprüft:
> Geschäft, Wein und Konversation.
> (Abut de Rabbi Nathan 31)

Gruppengespräche: Wie man sie aufbaut

Hier ist ein Beispiel dafür, wie Gruppengespräche beginnen und aufgebaut werden können. Der Anlaß ist ein Geschäftstreffen an einem schwülen Sommertag in „Irgendwo", USA.

1. Person: „Die Klimaanlage bei uns im Büro ging kaputt, und der Chef gab uns am Nachmittag hitzefrei, damit wir „mal zu Hause schwitzen konnten."

2. Person: „Und wieviel sind tatsächlich nach Hause gegangen?"

1. Person: „Ich war erstaunt, wieviele gingen, und daß es Leute aus allen Etagen waren."

3. Person: „Wurde das Gebäude gleich nach der Panne heiß?"

1. Person: „Nein, es blieb wegen der Isolierung erstmal noch anderthalb Stunden kühl. Dann gingen wir, einschließlich des Chefs. Man konnte kaum noch atmen."

3. Person: „Wahrscheinlich wäre Luft von außen auch keine Hilfe gewesen, ohne Wind."

1. Person: „Das ist das Problem. Unser Bürogebäude ist noch einer von den fensterlosen Bunkern, die ich nicht ausstehen kann."

(Die vierte Person stößt dazu.)

4. Person: „A propos Fenster: Ich mag frische Luft lieber als Heizung oder Klimaanlage, meistens wenigstens."

2. Person: „Ich auch. Ich bin ein Frischluftfanatiker. Wenn ich unterwegs bin, verlange ich im Hotel immer ein Zimmer, indem man das Fenster öffnen kann – ich muß immer versprechen, daß ich nicht rausspringe."

3. Person: „Das ist einer der Gründe dafür, warum die Hotels sich nicht auf das Risiko einlassen wollen."

2. Person: „Also wenn einer sich umbringen will, findet er auch einen anderen Weg. Was ich brauche, ist frische Luft."

3. Person: „Dann können Sie in diesem Monat ganz aus Los Angeles rausbleiben. Ich war da gerade mitten in der Stadt, der Himmel eine braune Schwade. Ich

konnte kaum abwarten, wieder nach Hause zu kommen, obwohl das Treffen mit Castle Rock gut verlief.“

1. Person: „Mischen Sie jetzt beim Film mit?“

3. Person: „Nein, wir prüfen nur gerade ein Gemeinschaftsprojekt.“

Dieses Vierergespräch baut sich auf, wandelt sich, verändert sich im Ton, informiert und rührt Probleme an. *Der Schlüssel ist, daß jeder Teilnehmer zugehört hat und zum Fluß des Gesprächs beiträgt.* Keiner versucht, dem Gespräch eine neue Wendung zu geben oder sich selbst in den Mittelpunkt zu rücken.

Es enthält drei der Konversations-Trio-Elemente, die wir in Kapitel 4 besprochen hatten.

Das Trio der guten Konversation

- Stellen Sie eine Frage.
- Geben Sie eine Beobachtung zum besten.
- Teilen Sie Ihre Gedanken, Ideen oder Ansichten mit.

Die Kunst des „Kuppelns“

Die besten Gesprächsprofis sind diejenigen, die andere mit genügend Information, Begeisterung und Respekt in die Gruppe einführen, so daß die Gruppe den Neuankömmling gerne aufnimmt.

Selbst wenn unsere „Kupplerin“ den Neuen gerade erst kennengelernt hat, erinnert sie sich an das meiste Gehörte und mixt daraus anstelle eines lauwarmen „Darf ich kurz vorstellen: Frau Jahn, Herr Johann“ einen „Begrüßungscocktail“:

„Frau Jahn ist unsere Buchhalterin und außerdem Marathonläuferin. Herr Johann ist unser Gewerkschaftsvertreter. Er hat ein phantastisches Hobby; er segelt mit seinem Surfboard über alle Meere."

Vorstellungen sollten einen warmen Empfang bereiten und für Anschluß sorgen. Terri Lonier, der Autor von *Working Solo* nennt sie „Powerpartner-Vorstellungen", die das Gespräch fördern.

Andere in den Mittelpunkt stellen

Die in der Menge glänzen, haben meist auch folgendes gemeinsam: Sie rücken andere in den Mittelpunkt.

Patricia Fripp ist darin Expertin. Obwohl sie eine landesweit bekannte und anerkannte Rednerin ist, lenkt sie gerne die Aufmerksamkeit auf andere. Sie beginnt mit einer oder zwei begeisterten Bemerkungen über den Neuankömmling und fügt sie so elegant in den Austausch ein. Patricia ist die geborene Gastgeberin. Sie schließt einen mit Blickkontakt, Worten, Körpersprache und ihrer eigenen freundlichen Gegenwart ein.

Wenn Sie auf jemanden zugehen und ihn in das Gespräch ihrer Gruppe einbeziehen wollen, so ist das nicht nur höflich, sondern hinterläßt einen bleibenden Eindruck. Man erinnert sich gerne an jemanden und empfiehlt ihn weiter, wenn er einen einbezogen und nicht ausgeschlossen hat.

Gespräche am Runden Tisch

Da sind Sie nun mit anderen Teilnehmern bei einem Essen der IHK, einer Kongreßleitung, eines Berufsverbandes. Hier gibt es keinen Wechsel der Gesprächspartner; Sie müssen mit dem vorliebnehmen, was Sie vorfinden. Manchmal ist es ein wahrer Segen, wenn man an jemandem „festhängt", ein andermal nicht. Wie es auch immer sein mag, machen Sie das Beste daraus. Beziehen Sie die Tischpartner auf beiden Seiten mit Amüsantem und Alltäglichem in die Unterhaltung mit ein. Hier sind ein paar Tips, wie man das Eis bricht oder zumindest zum Schmelzen bringt:

Eisbrecher

- „Sind Sie Mitglied?"
- „Ich bin zum ersten Mal in/an diesem (Restaurant, Hotel, Ort)."
- „Ich habe immer schon zum St. Francis Yachtclub zurückkommen wollen, seit er renoviert ist."
- „Was hat Sie dazu veranlaßt, heute hierher zu kommen?" (Wenn ich die Rednerin bin, höre ich gerne, daß ich der Anlaß bin.)
- „Würden Sie mir bitte die Brötchen reichen? Die sehen so lecker aus, daß ich nicht widerstehen kann."

Heißer Tip zum Warmwerden: In *Power Schmoozing* empfiehlt meine Freundin Terri Mandell einen oder zwei Extra-Sätze über sich selbst, um dem anderen den Einstieg zu erleichtern und das Gespräch in Gang zu bringen.

Was ist mit den anderen auf der *gegenüberliegenden* Tischseite, die Sie auch gerne kennenlernen möchten? Carl LaMell, leitender Direktor einer Chicagoer Wohltätigkeitsorganisation empfiehlt, „den Stier bei den Hörnern zu pakken" und jedem die Gelegenheit zu geben, sich selbst vorzustellen.

„Ich sage oft, 'Ich würde gerne jeden einzelnen kennenlernen. Warum gehen wir nicht um den Tisch und stellen uns einander vor?' Die Leute sind dankbar, weil sie eingeschlossen sein wollen und so die Chance haben, sich selbst vorzustellen." Sie warten vielleicht lieber, bis alle beim Essen sind, der Raum ruhiger ist, und Sie den Lärm nicht überschreien müssen.

Und noch einmal: Seien Sie Gastgeber. Ihr Gegenüber am Tisch könnte eines Tages Ihr Geschäftspartner, Tennispartner oder Referenzgeber sein.

> Drei Dinge sind gut in kleiner Menge und schlecht in großer: Hefe, Salz und Zögern.
> (Talmud)

Den Spielverderbern das Handwerk legen

Ich habe immer geglaubt, ich könnte als Redner mit schwierigen Zuhörern fertig werden und als Vermittler mit schwierigen Gruppen, weil ich Sechstkläßler unterrichtet hatte!

Manchmal stoßen wir auf jemanden, der in einer Gruppe immer den Knüppel in die Speichen steckt. Der Möchtegern-Star, der peinliche Spaßmacher, der joviale Macho, der Süffelpeter, der chronische Unterbrecher, der knallharte Widerredner und jede Menge anderer können einem fast jede Gruppe vergraulen.

Wenn jemand Genuß dabei empfindet, Ihnen oder einer ganzen Gruppe auf die Zehen zu treten, so gibt es einige Gegenmaßnahmen, die besonders nützlich bei solchen Zeitgenossen sind, die Ihnen ins Wort fallen.

- Lachen Sie mit der Gruppe und machen Sie dann weiter.
- Lachen Sie nicht, und machen Sie einfach weiter.
- Sagen Sie nichts, und machen Sie nicht weiter. Vielleicht ist die Botschaft: „Ich will auch mal drankommen."
- Sagen Sie leichthin: „Na, damit ist mein Beitrag wohl zu Ende."

- Wenn Sie einem Wiederholungstäter etwas sagen wollen, so nehmen Sie ihn zur Seite, und sagen Sie ihm Ihre Meinung. Oder schicken Sie ihm einen strafenden Blick.

Vorsicht: Selbst wenn sich ein Erwachsener „danebenbenimmt“ ist das vielleicht nicht der Moment, Ort, oder die richtige Gruppe, um etwas daran zu bessern, besonders, wenn es um Geschäftliches geht.

Vergessen Sie auch nicht, daß die Gruppe von etwas fasziniert sein könnte, was wir todlangweilig finden. Als in Boston ansässige Buchhalterin nimmt Lana Teplick an vielen Tagesseminaren teil, um sich über die Veränderungen in ihrer Branche auf dem laufenden zu halten. „Ich kann nicht vier Stunden in einem Buchhaltungsseminar sitzen und mich dann am Mittagstisch über Steuersachen unterhalten! Ich spreche dann mit meinen Kollegen lieber über Privates: Kinder, aktuelle Themen, Sportereignisse. Aber ich sehe mittlerweile ein, daß manchmal andere Kollegen zu Mittag tatsächlich über Steuersachen sprechen wollen. Ich muß dann herausfinden, wann das der Fall ist und mich dann darauf einstellen – oder ich bin einfach still und überlasse die Gruppe ihrem Thema.

Wenn eine Gruppe ein Thema besprechen will, das uns nicht interessiert, können wir drei Dinge tun: höflich sein, schweigen oder weggehen.

Freundlich, kurz und weiter

Wenn wir einem wichtigen Gastgeber, Gast oder Ehrengast begegnen, sollten wir freundlich sein, aber nicht seine bzw. ihre Zeit in Beschlag nehmen, besonders wenn da noch jede Menge anderer Leute sind, die ebenfalls Herrn oder Frau „Wichtig“ kennenlernen wollen. Unser Anliegen hat in diesem Moment keine Priorität. Wenn wir mit jemand Wichtigem über unser Anliegen sprechen wollen, dann in dem Moment, wo es Priorität haben *kann*.

Wir könnten zu verstehen geben, daß wir etwas zu besprechen haben, und fragen, was die beste Möglichkeit wäre, sich mit ihm bzw. ihr in Kontakt zu setzen. Das erlaubt Herrn oder Frau „Wichtig" die Wahl zu sagen: „Tun wir es doch gleich", oder „Rufen Sie mich im Büro an."

Tun Sie, wie geheißen, und schicken Sie anschließend einen kurzen Gruß: „Mit bestem Dank für Ihre Zeit und guten Rat."

Die Kunst des richtigen Abgangs

Sich aus einem Gespräch (oder anderen Situationen im Leben) zu lösen, kann verzwickt sein. Wenn wir Körpersprache und nicht-verbale Signale lesen – nervöse Bewegungen, durch den Raum schweifende Blicke, von einem Fuß auf den anderen treten, abdriftende Aufmerksamkeit – können wir ausmachen, wann unser Partner reif ist abzutreten. Wir bleiben in Erinnerung, wenn wir die Signale mitbekommen und den Abgang erleichtern. Hier sind drei Dinge, die wir tun können:

1. *Fassen Sie freundlich das zusammen*, was Ihre Beziehung unterstreicht: „Es war nett, mit einer verwandten Seele sprechen zu können, die ebenfalls gerne Stummfilme sieht. Ich werde Ihnen Bescheid geben, wenn ich höre, daß es wieder einmal einen Filmabend gibt."
2. *Nix wie weg*. Wenn der Austausch keinen besonderen Spaß gemacht hat, weder anregend noch interessant war, so können wir uns einfach entschuldigen und in munterem Ton sagen: „Ich hoffe, Sie genießen den Rest der Veranstaltung (Party, Konferenz, Ballett, Picknick etc.")."

3. *Die reine Wahrheit.* Das funktioniert leider nur unter besonderen Umständen. Ich war einmal zu einem Essen der Panhellenischen Schwesternschaft als Rednerin eingeladen. Eine der Teilnehmerinnen, eine sechsundneunzigjährige ehemalige Studentin der University of California, war immer noch bei allen Treffen dabei. Eine ihrer „jüngeren" Mitschwestern sagte mir, daß Janes abschließende Bemerkung stets war: *„Bitte entschuldigen Sie mich. Ich muß jetzt mal die Runde machen."* Mit 96 kann man sich alles erlauben! Aber es könnte auch bei Ihnen funktionieren, sofern Sie es mit Humor und in leichtem und höflichem Ton sagen.

Anstatt uns zurückzubeugen, treten wir etwas zurück. Wir haben die Konversation zusammengefaßt und den Austausch bestätigt. Der folgende Schritt ist, etwas weiterzuschlendern und auf einen anderen Gast oder eine Gruppe zuzugehen.

Vergessen Sie nicht: Wenn der Betreffende nicht besonders freundlich oder offen war, muß das nichts mit Ihnen zu tun gehabt haben. Vielleicht hat er gerade gehört, daß eines seiner Kinder schlecht in einem Examen abgeschnitten hat, daß seine Frau gestürzt und sich die Hüfte gebrochen hat oder daß sein Betrieb eine Abspeckkur verordnet bekommen hat. Oder vielleicht bekommt er gerade eine Grippe. Man kann nie wissen. Wie auch immer der Austausch verläuft, bleiben Sie höflich.

Ein anderer Abgang ist die „Kommen-Sie-mit-Methode", wie sie Dr. Irving Siegel, eines der Gründungsmitglieder des American College of Obstetricians and Gynecologists anwendet.

Bei Konferenzen übernimmt er gerne die Rolle des Gastgebers und sagt oft zu einem jungen Kollegen: *„Dr. Soundso, da sehe ich Dr. Glasser. Kommen Sie, ich stelle Sie ihm vor."*

Anstatt ihn stehenzulassen, stellt ihn Dr. Siegel seinen

Kollegen vor und erhöht dadurch sein Wohlbefinden, seinen Bekannten- und Kollegenkreis. Das bleibt im Gedächtnis – und jeder von uns kann das tun.

An Mängeln kein Mangel

Vergessen Sie nicht, daß wir mit manchen Gesprächspartnern lauter und deutlicher sprechen müssen. Und einige haben schon früh Arthritis oder Carpaltunnel Syndrom. Drükken Sie also die Hand nicht zu forsch.

Wenn Sie ein spezielles Problem haben, sagen Sie einfach: „Ich würde Ihnen gerne die Hand schütteln, aber ich habe mir gerade den Daumen ausgerenkt." Das gibt dem anderen einen Hinweis und eine Erklärung für ein Verhalten, das sonst als unhöflich und arrogant ausgelegt werden könnte. Sie teilen etwas von sich mit und geben dem anderen eine Information, die eine Frage oder Bemerkung zur Folge haben könnte. Und das ist es ja, was wir wollen – mitteilen, was Interesse weckt und zu Fragen und Bemerkungen einlädt.

Die bessere Hälfte

Die Ehepartner unserer Geschäftsfreunde haben ein gehöriges Maß an Einfluß; sie sind daher immer freundlich einzubeziehen. Vergessen wir das, so kann das einen bleibenden nachteiligen Eindruck hinterlassen.

Viele mitreisende Ehepartner sind heutzutage Männer (beim Kongreß des US-amerikanischen Chirurgenverbandes sind es immerhin 10 Prozent), aber die Mehrheit sind immer noch Frauen, die klug und intelligent sind und entweder eine eigene Karriere oder eine ehrenamtliche Aufgabe haben.

Wir alle unterhalten uns über das Wetter, Anliegen in unserer Stadt oder Gemeinde (Verkehr, Parkplatznöte, Straßenzustand, Schulangelegenheiten, Blumenwettbewerb), politische Ereignisse, Sport, Kunst und Kultur, über die man sich mit begleitenden Ehepartnern unterhalten kann.

Wie wir mit unserem eigenen Ehepartner in der Öffentlichkeit umgehen, ist ebenfalls wichtig. Wenn wir ihm gegenüber höflich und zuvorkommend sind, hebt das ihn und uns in den Augen der anderen an – und ich habe Kommentare über jene gehört, die andere in Verlegenheit bringen, weil sie alles andere als freundlich mit ihren Ehepartnern umgingen.

Prinzipienreiter haben einen Pferdefuß

Wie wir Dinge sagen, ist ebenso wichtig wie das, was wir sagen. Manchmal ist es nötig, daß wir jemanden berichtigen, der ungenaue oder irreführende Bemerkungen gemacht hat – aber Zeit, Ort, Art und Weise wollen richtig gewählt sein, und das ist selten in Anwesenheit Dritter.

Machen Sie es dem anderen leicht, das Gesicht zu wahren und sich selbst zu verbessern. „Ich war der Annahme, daß es eine 2prozentige Erhöhung war" ist besser als „Wo haben Sie denn *diese* Zahl her? Das waren *seit Ewigkeiten* keine 4 Prozent mehr!"

Lassen Sie Ihr Urteilsvermögen und Ihren gesunden Menschenverstand nicht an der Garderobe, und reiten Sie nicht auf Prinzipien herum. Wenn die Sache nicht wirklich wichtig ist, lassen Sie los. Ich war einmal bei einem religiösen Festessen, wo der Gastgeber die lange Tradition dieses Anlasses in Erinnerung rief. Ein Gast erhob die Stimme und berichtigte ihn. Ich wußte, daß mein Gastgeber sich um 50 Jahre vertan hatte, aber ich hatte mich entschlossen, nichts zu sagen. Als ich den Ausdruck auf seinem Gesicht sah, nachdem er berichtigt worden war, und die plötzlich etwas angespannte Atmosphäre spürte, war ich richtig froh, als ein anderer Gast die Spannung auflöste, indem er meinte: „Nach 5000 Jahren kann man sich schon mal verschätzen."

Der Samthandschuh

Es mag vielleicht schockieren, aber wir nehmen an Konferenzen, Treffen, Ausflügen nicht lediglich wegen des Business teil! Das stillschweigende Einvernehmen bei geschäftlichen Anlässen ist, daß man sich auf Geschäftliches beschränkt – aber niemand ist gekommen, um sich nur unser Garn abspulen zu lassen. Wir verdienen uns das Recht, zu Wort zu kommen, dadurch, daß wir uns in die Gruppendynamik einfügen und zum Aufbau der Konversation und der Beziehungen beitragen.

Fängt das Gespräch an abzuflauen, so können wir es wieder in Gang bringen, indem wir sagen. „Ich bin erst später dazugestoßen und habe Ihre Namen und Dienstgrade nicht mitbekommen. Übrigens, mein Name ist Peter Müller." Das ist eine unaufdringliche Art, Stellung, Titel und andere wichtige Dinge zu erfragen.

Oft dreht sich das Gespräch um die Veranstaltung oder den Veranstaltungsort; das ist der gemeinsame Nenner. Ein firmengesponsertes Golfturnier hat den Ruf, eine ideale Gelegenheit für „Softselling" zu sein, so daß sowohl Männer als auch Frauen das Spiel lernen, die sonst eigentlich kaum Interesse daran haben, an einem Samstagnachmittag einem kleinen weißen Ball über den Rasen nachzujagen.

Die ersten Gespräche drehen sich vielleicht noch um das Spiel selbst, andere Plätze, die Profis, Golfer-Anekdoten und Witze, aber irgendwann am 7. oder 14. Loch kommt man dann doch zum Geschäft. Selbst wenn Sie sich Ihre

Partner nicht selbst ausgesucht haben, wird der eine beim 5. Tee fragen: „Was machen Sie eigentlich beruflich?“

„Oh, ich verkaufe Software.“

„Wirklich.“ Und so weiter.

Ich selbst spiele nicht Golf, habe mir aber sagen lassen, daß Geschäftliches auf dem Golfplatz ziemlich im Hintergrund bleibt – das Spiel ist einfach auch zu locker. Das Gute an einem Gespräch in einem Viererteam ist a) eine aufmerksame Zuhörerschaft und b) jede Menge Zeit.

Ähnlich laufen Gesprächsprozesse bei Tennisturnieren und anderen Gesellschaftssport-Ereignissen oder Kulturveranstaltungen (Pausen!) ab.

„Das ist mir zu hoch“

Es gibt Momente, in denen wir vielleicht den Eindruck haben, daß wir von einem Thema zu wenig wissen, um einen Beitrag zu einem Gruppengespräch leisten zu können. Wie verhält es sich doch gleich mit der Tugend der Unwissenheit?

Die Tugend der Unwissenheit

1. Alle Redner brauchen Zuhörer, und allein das ist ein bedeutender Beitrag. Wir beteiligen uns mit den Augen, mit unserem Minenspiel, unserem Lächeln und unserem zustimmenden Nicken.
2. Das ist die Gelegenheit, etwas Neues zu lernen. Einwürfe wie „Klasse!“ oder „Wirklich?“ sind Beiträge, solange unsere Begeisterung echt ist. Ich höre oft mit offenem Munde (und gespitzten Ohren) Fachsimpeleien über Computer und Websites zu und gebe meiner Ehrfurcht vor so viel Wissen gebührend Ausdruck.

3. Bloß weil jemand mehr als wir über ein bestimmtes Thema weiß, bedeutet das nicht, daß wir rückständig sind. Die ausgebufften Profis mögen alles über elektronische Netzwerke oder Tafelgeschäfte wissen, dafür weiß ich mehr über soziale Vernetzung und Wandtafeln. (Als Ex-Lehrer beeindruckt man seine Zuhörer durch die Fertigkeit mit der Kreide.)

Vergessen Sie nicht: Wir alle haben spezielle Wissensbereiche, sei es aus beruflichen Gründen oder Liebhaberei. Hier ist ein Frageraster, um festzustellen, wo Sie sich auskennen:

1. Womit verdienen Sie Ihr Geld?
2. Was tun Sie in Ihrer Freizeit?
3. In welchen Bereichen fragt man Sie um Rat?

Meine Lieblingsbeschäftigungen		
beruflich	in meiner Freizeit	als Berater

Wir haben vielleicht nicht immer Gelegenheit, unser Wissen und Fachwissen an den Mann zu bringen, aber für unser Selbstvertrauen in einer Konversation ist es wichtig zu wissen, daß wir uns einschalten können, sobald sich die Gelegenheit bietet.

Dies ist eine Methode, sein Selbstwertgefühl zu steigern. Und wenn wir dieses haben, so meint Dr. Nathaniel Branden, der Autor von *The Six Pillars of Self-Esteem*, so werden wir eher unsere Meinung in einer Unterhaltung zum besten geben.

Ganz allgemein gilt, daß wir alle viel zu einem Gespräch beizutragen haben, sowohl verbal als auch non-verbal.

Provozierend sein: Wer wagt, gewinnt nicht immer

Es gibt Menschen, die stolz darauf sind, provozierend zu sein. Einige der von mir Interviewten gaben das als Technik an, die sie mit Erfolg anwandten oder angewandt hatten. Einer von ihnen schrieb über eine Frau, die bei Zusammenkünften Fragen stellte wie: „Wenn es ein Feuer gäbe, was würden Sie zuerst in Sicherheit bringen, Ihre Katze oder Ihr Lieblingsgemälde?"

In manchen Gruppen kann das funktionieren, aber seien Sie vorsichtig. Viele mögen nicht, wenn man sie so festnagelt, und manche Gespräche könnten zu Debatten ausarten. Ein anderer Befragter berichtete von einer Cousine, „die sich einbildet, ein Genie und brillanter Gesprächspartner zu sein. Bei einer Party, die meine Kollegen gaben, saßen wir alle in der Runde und genossen eine angenehme Konversation. Die selbsternannte brillante Unterhaltungsexpertin fühlte sich bemüßigt, den Ton und das Thema der Konversation zu wechseln, indem sie lauthals eine provozierende politische Frage stellte. Sie tut das oft und hat keine Ahnung, daß sie keine Ahnung von Gruppendynamik hat."

Für diese Frau war der Sturm im Wasserglas offensichtlich genau das Angebrachte und direkt zu sein, hielt sie für einen wunderbaren Zug. Seien Sie vorsichtig, wo, wie und warum Sie so etwas tun. Der Schuß der Provokation kann auch einmal nach hinten losgehen und für dauernden Schaden sorgen.

Beobachten, verstehen, wertschätzen und beitragen ... das sind die Schlüssel einer gruppendynamischen Konversation. Ein bißchen Charme, eine Prise Keckheit, und auch Sie sind ein Networking-Experte – egal, wie groß die Gruppe ist.

Erinnern wir uns

- Die Kunst der Kommunikation besteht aus Konversation, Gesichtsausdruck, Haltung und geistiger Anwesenheit.
- 90 Prozent der Menschen in jeder beliebigen Gruppe sind nett, zur Höflichkeit erzogen und haben mehr mit anderen gemein, als man denken würde.
- Einfach nur dasein ist nicht genug.
- Wer in der Menge glänzt, beherzigt drei Dinge:
  1. Er stellt sich ganz auf denjenigen ein, mit dem er gerade spricht, und stellt Blickkontakt mit jedem Gesprächspartner her (acht Sekunden genügen, sonst wirkt es wie Anstarren).
  2. Er stellt andere mit Schwung vor.
  3. Er hat drei bis fünf Gesprächsthemen parat.
- Bereiten Sie sich auf jeden Anlaß vor: Prüfen Sie Ihre Einstellung, üben Sie eine sieben bis neun Sekunden dauernde Selbstvorstellung, die zu diesem Anlaß paßt, und seien Sie charmant und keck.
- Höflichkeit und gutes Benehmen sind Aushängeschilder.
- Stellen Sie sich denen, die Ihnen bekannt vorkommen, mit Namen vor.
- Lassen Sie Ihren gesunden Menschenverstand walten. Folgen Sie einem Gruppengespräch, bevor Sie einen Beitrag leisten. Vermeiden Sie, eine Unterhaltung durch unpassende Späße aus dem Gleis zu werfen.
- Bauen Sie auf Bemerkungen von anderen Gruppenmitgliedern auf.
- Schließen Sie niemanden aus. Verhalten Sie sich wie ein Gastgeber.

9 Klare Linie für Online-Geplauder

Eigentlich ist es eine ziemliche Keckheit, daß ich über Online-Geplauder schreibe. Ich meine *schreibe*, so wie ich hier in Spinelli's Coffeehouse in San Francisco sitze, mit meinen Bleistiften No. 2 und einem batteriebetriebenen Spitzer in meiner Schultertasche.

Online zu sein, bedeutet für uns ein weiteres Publikum, das wir uns erobern können – im Raum der 90er Jahre, dem virtuellen Treff mit seinen Unbekannten, die unsere besten Freunde oder besten Kontakte werden können.

Die Anzahl derer, die Online miteinander verkehren, geht bereits in die -zig Millionen und wächst exponentiell. Online-Kommunikation ist die Telefonkette, die Gerüchteküche, der Schönheitssalon, der Friseursalon der 90er Jahre – die populäre Art, sich locker zu unterhalten, Kontakte zu pflegen und Geschäfte zu machen oder die Vorarbeit dazu zu leisten. Und außerdem ist es der billige Jakob unter den Kurierdiensten, sogar noch günstiger als das Telefax. Es gibt Millionen von Geschichten über die Wunder der E-Mails. Aber E-Mails haben ihre eigenen geschriebenen und ungeschriebenen Gesetze sowie Strafen für ihr Übertreten. Wir müssen den Verhaltenskodex für das Plaudern im Netz kennen, genauso wie wir auch in einer realen Situation uns den Gesetzen des sozialen Umgangs beugen.

Verzichterklärung: Die Kontroverse über Internetschmutz und virtuellen Voyeurismus ist nicht mein Ressort. Dieses Kapitel hat damit zu tun, wie man vorgeht, was man besser unterläßt, die unendlichen Möglichkeiten und die besten technischen Mittel, Online zu kommunizieren.

Eine historische Perspektive

Ob wir es nun mögen oder nicht – wir leben in einer elektronischen Welt. Und wir sollten lernen, uns darin wohlzufühlen.

Computer und persönliche E-Mails sind nur die letzten in einer Reihe von technischen Revolutionen. Wir haben Gutenbergs Druckerpresse, Marconis Telegraph, Bells Telefon und das Fernsehen. Und nun dies – eine Welt, die per Computer und Modem über die Datenautobahn vernetzt ist.

Manche beginnen vom Internet zu schwärmen, andere sind eher skeptisch. Dr. Philip Zimbardo, der Autor von *Nicht so schüchtern!*, hat entdeckt, daß wir unsere sozialen Fähigkeiten verlieren und schüchterner werden, weil wir mehr Zeit mit unseren Computern zubringen. Wir können beispielsweise unsere gesamten Bankgeschäfte erledigen, ohne je ein Wort oder ein Lächeln von einem freundlichen Kassierer aus Fleisch und Blut zu bekommen. Für manche hat dieser Fortschritt einen hohen Preis.

Liegengebliebene Fahrzeuge auf der Datenautobahn

Der Computerkumpel kann so manches Kind davon abhalten, seine Lese-, Schreib- und sogar Denkfähigkeit zu entwickeln oder die Freude zu erfahren, wenn man sich mit einem guten Buch in die Sofaecke setzt. Und dann sind da diejenigen, die davor warnen, daß zunehmender Computergebrauch unser Konversationsgeschick beeinträchtigen könnte. Wir haben in der Vergangenheit ähnliches über zu viel Fernsehen, Sportfanatismus und sogar über übertriebenes Bücherlesen gehört. Einige Experten meinen dagegen, daß Chatrooms unser Selbstvertrauen und unsere Gesprächskompetenz eher verbessern. Maßvolle Anwendung ist wohl der Schlüssel, aber sagen Sie das einem 14jährigen, der gerade auf ein Gesprächsforum über Star Treck oder Cyber-Fußball gestoßen ist!

Wir müssen uns sowohl technisch als auch sozial auf das neue Jahrtausend einstellen und beruflich wie privat sowohl im realen wie im virtuellen Raum erfolgreich sein.

Kontaktpflege per Modem

Ich hielt mir die elektronische Online-Welt auch dann noch vom Leib, als bereits ein Computer bei mir eingezogen war. Dann nahm mich ein mailfreudiger Kollege ins Gebet: „RoAne, wie kannst du *das* Netzwerk- und Gesellschaftsgenie sein wollen, ohne Anschluß an die Internetwelt zu haben?“ Er weckte mein Interesse, und ich trat dem 21. Jahrhundert bei – Online.

Hier sind ein paar Methoden, wie man Online miteinander verkehrt: E-Mail, Chartas, Forumsdiskussionen und Webseiten im WWW. Nach Ansicht des Kolumnisten Walter Mossberg vom *Wall Street Journal* (20. April 1995) ist E-Mail die „Online-Aktivität, die einen am meisten herausfordert, süchtig macht und praktisch ist. Sie ist auch denkbar einfach und am wenigsten sexy.“

Via E-Mail plaudert man, bleibt in Kontakt, pflegt Beziehungen in seinem Kreis von Kollegen, Kumpeln, Klienten und Freunden. Ob wir ein Geschäft führen, Karriere machen oder gemeinnützig tätig sind – es ist gut, wenn man Online erreichbar ist.

Mossberg betont sowohl die persönlichen als auch beruflichen Vorteile eines Online-Anschlusses. Er und sein Bruder planten die Goldene Hochzeit seiner Eltern Online. Eine Frau fand ihren verschollenen Bruder. Therapien für Syndrome und Krankheiten wurden so ausgetauscht. Ein Ehepaar fand sein Adoptivkind, und viele haben so ihre Arbeit gefunden. Meine Freundin Sharon Arkin behauptet, daß sie niemals so viel Kontakt mit ihren überall verstreut lebenden Kindern gehabt hat, bevor sie alle am Netz waren. Der „Internet-Vermittler" hat sogar schon Heiratswillige zusammengeführt.

E-Mail nivelliert auch die Unternehmen. Wir gelangen in die Chefetage, ohne uns den Weg durch Abwimmlerhierarchien bahnen zu müssen, einfach, indem wir eine Botschaft tippen und dann auf „senden" drücken. Ist der Empfänger aber der Chef, sollte sie jedoch gut geschrieben, kurz und zielgerichtet sein.

Ein weiterer Vorteil des elektronischen Geplauders ist, daß unsere Rasse, Religion, Gewicht und Größe keine Rolle spielen. Was zählt, ist, was wir schreiben; die Informationsautobahn steht allen offen.

Kate Macintosh arbeitete nach ihrem ersten Studienjahr in Wirtschaftswissenschaft an der University of Chicago für Intel. Sie war Mitglied eines Programmausschusses und wollte den Chef von Intel, Andy Grove, als Redner einladen. Also schickte sie ihm per E-Mail eine Einladung. Wegen ihres Familiennamens schrieb sie eine scherzhafte Bemerkung dazu, daß sie als Macintosh (keine verwandtschaftliche Beziehung) bei Intel arbeitete. Niemand wollte glauben, daß sie die Keckheit besessen hatte, das zu tun. Aber Kate sagte:

„Ich hatte einen guten Grund, Herrn Grove zu schreiben." Und wie glücklich war sie über die Antwort! „Er konnte meine Einladung zwar nicht annehmen, aber seine Antwort war freundlich, überlegt und charmant. Ich habe sie mir ausgedruckt und aufgehoben."

Elektronische Konversation kann bei den ersten Kontakten mit einem Kunden, Kollegen oder persönlichen Partner hilfreich sein. Auf Dauer aber muß unser Gespräch mehrdimensional werden. Dann greift man zum Hörer, um die notwendige Tiefe, Breite oder Höhe hinzuzufügen, die durch Hören und Sprechen vermittelt wird. Vereinbaren Sie einen Termin, sofern geographisch machbar, und kommen Sie zu einem Plauderstündchen zusammen, um den anderen zu sehen und sein Lachen zu hören.

Technische Trendsetter

Dan Burrus, der Autor von *Technotrends*, empfiehlt Unternehmern dringend, sich technischen Neuerungen nicht zu verschließen, um nicht den Anschluß an die Zukunft zu verpassen. Aber, so sagt Burrus, „nicht die Technologie führt die Firma ... sondern zwischenmenschliche Beziehungen. Aber Technologie kann Beziehungen fördern." Das ist das Geheimnis des Internet-Geplauders – Beziehungen festigen.

Joan Eisenstodt ist eine angesehene internationale Tagungsorganisatorin, die ich vor Jahren auf einer Konferenz traf. Wir begannen eine Online-Konversation, die zu einer richtigen „Kaffeepause" wurde, und ich habe mich bei einem Kongreß auf ihre Empfehlungen gestützt. Unsere Freundschaft hat durch E-Mail an Tiefe gewonnen, und dasselbe gilt für unsere professionelle Wertschätzung und gegenseitige Unterstützung.

Elektronische Kommunikation hat ihre spezifischen Nachteile. Während wir einerseits unsere Information, unseren Dank, unsere Anerkennung und unser Mitgefühl ganz nach Gutdünken und ohne Zeit in ein Gespräch zu investieren, ausdrücken können, ist genau dies auch die Kehrseite der Medaille. Wir sparen Zeit, aber wir können auch etwas von der Freude des Gesprächs verlieren, wenn wir nicht aufpassen.

Internet-Sucht

Online-Kommunikation ist wichtig und macht Spaß, kann aber auch süchtig machen. Dr. Kimberley S. Joung, ein Forscher über Online-Sucht, hat einen einfachen Kurztest entwickelt, um einen Süchtigen zu ermitteln (*Marin Independent Journal*, 27. Mai 1995).

Symptome der Internet-Sucht – ein Kurztest

- Schauen Sie zwanghaft oft (zehn- bis zwanzigmal am Tag) in Ihrer Mailbox nach?
- Verlieren Sie das Zeitgefühl, wenn Sie Online sind?
- Haben Sie in Ihren zwischenmenschlichen Beziehungen Probleme, die Sie auf die im Netz verbrachte Zeit zurückführen können?
- Haben Sie zugenommen, oder haben Sie Augen-, Nacken- oder Rückenprobleme von der Anspannung des stundenlangen Online-Seins?

Wenn Sie auf eine dieser Fragen mit Ja antworten, so sollten Sie Ihren Umgang mit dem Modem modifizieren. Gehen Sie ins Kino, machen Sie einen Spaziergang durch den Park, gehen Sie kegeln oder – wie wär's damit – *lesen Sie ein Buch*! Und zwar Offline.

Netikette

Cyber-Etikette ist ein Verhaltenskodex in einem sonst unstrukturierten Raum, dem Internet. Das Internet war anfangs dem Militär und den Universitäten vorbehalten; heute steht es Geschäftsleuten, Ärzten und Wissenschaftlern und sogar Elfjährigen offen, und Menschen wie Ihnen und mir.

Es gibt eine Menge Information, die hilft, uns Online richtig zu unterhalten und zu verhalten – und für ein gutes Vorankommen auf der Datenautobahn ist es angebracht, sich an diese Verkehrsregeln zu halten. Tun wir es nicht, gibt es auch hier „Zusammenstöße" („flame" bedeutet im Internet eine Beschimpfung).

Dame Raquel schreibt in *Wired* (April 1995, S. 162): „Es ist okay, wenn man fragt, ob der andere ein Mann oder eine Frau ist, wenn einem der/die andere dazu Anlaß geben." Aber sonst lassen Sie das Thema besser beiseite. Der/die Betreffende, dem/der wir so womöglich zu nahe treten, ist vielleicht ein potentieller Kunde/in oder Arbeitgeber/in, und wir erhalten eine „heiße Erwiderung" – eine sogenannte „flame". Die gleiche Vernunftregel gilt auch beim Betreten von Foren oder Chatrooms.

Ron Buono, ein Steuerberater, legte sein Kundenkonto bei AOL im Namen seiner Frau an, damit diese als Lehrerin die Gebühren als Forschungsausgabe absetzen konnte. Er hatte vergessen, daß seine Anwenderadresse der Name seiner Frau war, als er in einem Chatroom über Mountainbikes eine technische Frage über Übersetzungsverhältnisse bei der Gangschaltung beantwortete. Die erste Botschaft, die er zurückbekam, war die Frage: „Wie sehen Sie aus?" (Dies ist eine „*FAQ*" – eine „häufig gestellte Frage"; damit müssen Sie rechnen.)

„Ich hatte das Gefühl, daß das ein Fall von sexueller Diskriminierung war und wollte schon eine ärgerliche Antwort abschicken. Da ich aber quasi im Namen meiner Frau handelte, beschloß ich, etwas weniger emotional zu antworten. Also sagte ich die Wahrheit: 'Ich bin 1,81 m groß, wiege 91 Kilo, und aus den Ohren wachsen mir kleine Haare.' Die Antwort auf dem Bildschirm lautete: 'Und Tschüs'"

E-Mail-Leitlinien

Für eine höfliche und produktive Konversation in der elektronischen Welt gelten wie in der nicht-virtuellen Welt gewisse Leitlinien. Hier sind einige Grundlagen:

- Fassen Sie sich kurz.
- Leiten Sie Nachrichten nur weiter, wenn Sie vom Absender die Erlaubnis dazu haben. (Dame Raquel, Network Diva, *Wired*, März 1995, S. 162)
- Antworten Sie zügig (innerhalb eines Tages).
- Lesen Sie Korrektur auf Tippfehler, Grammatik und Logik – auch wenn Sie schon automatisch gecheckt haben.
- Korrespondieren Sie, um Beziehungen aufzubauen. Seien Sie so taktvoll und höflich, als befänden Sie sich vis-à-vis in einem Büro oder Wohnzimmer.
- Seien Sie sich im klaren darüber, ob es sich um eine private oder eine geschäftliche (oder beides) Nachricht handelt. Das Recht auf persönliche Mitteilungen oder vielleicht intimere Botschaften will verdient sein.
- Achten Sie wie in einem Brief auf Groß- und Kleinschreibung.
- Holen Sie sich das OK, wenn Sie längere E-Mails schikken wollen (mehr als eine Seite).
- Halten Sie Ihre Versprechung ein, wenn Sie jemand eine E-Mail angekündigt haben.
- Wie im direkten Gespräch sollten auch E-Mails:
  1. auf das eingehen, was uns „gesagt" wurde,
  2. beim Thema bleiben.

Eine E-Mail ignorieren oder das Thema wechseln ist einer guten Konversation nicht förderlich.

Die Internet-StVO

Es gibt ein paar Dinge, die man bei der elektronischen Konversation besser unterläßt:

- Verwenden Sie keine Obszönitäten. Sie sehen am Bildschirm schlimmer aus, als sie vielleicht klingen.
- Versenden Sie nicht ungefragt zu allem einen dreiseitigen Kommentar.
- Schreiben Sie nicht alles mit Großbuchstaben – das sieht aus, als ob Sie jemanden anschreien.
- Schicken Sie keine Mail ab, die Sie „verfolgt", privat oder beruflich. (Überlegen Sie, bevor Sie 'senden' drükken!)
- Vermeiden Sie es, den Bürocomputer für heikle Sachen zu benutzen. Wenn Ihre Mail geschäftlich ist, heben Sie sich das Flirten, Necken, Jubeln oder Wüten für ein andermal auf, für einen anderen Ort oder Anlaß. Private Angelegenheiten, Fragen bezüglich Autorität oder Arbeitszeit sollten alle mit Vorsicht behandelt werden, wenn Sie den Arbeitscomputer benutzen.
- Bleiben Sie nicht im Endlosdialog stecken; das kann einen viel Zeit kosten. Verabschieden Sie sich mit einem kurzen Gruß – und dann Schluß.

Haarnadelkurven auf der Datenautobahn

Das Internet ist nicht ohne Gefahren. Drücken Sie auf den falschen Knopf, und schon ist ihr Patzer ein globales Ereignis. Jeder aus Ihrer Adressenkartei bekommt eine Botschaft, die nur für einen bestimmt war.

Vergessen Sie nicht, daß Online-Konversationen am Arbeitsplatz während der Arbeitszeit nicht immer privat sind. Auch die ganz Schlauen, die alles löschen, können noch erwischt werden, denn man kann ja „zurücklöschen“, und dann kommt das Ganze wie Frankenstein, mit oder ohne Braut, wieder zu uns oder auf uns zurück. Schaffen Sie sich keine Internetgespenster.

In *Total Digital* erörtert Nicholas Negroponte, der Gründer des Medienlabors am Massachusetts Institute of Technology, die Vor- und Nachteile von E-Mails. Einer der Nachteile ist womöglich der, der einige von uns gerade anzieht: der Mangel an visuellen oder verbalen Reizen. Wir können das Lächeln, das Stirnrunzeln, das Augenrollen oder die Körpersprache des anderen nicht sehen. Ebensowenig wie das Spielerische, den Charme, die Angst, die Verzweiflung, die Begeisterung oder das Mitgefühl.

Ein Problem kann auch die überquellende Mailbox sein. Der Marketingchef einer größeren Firma erzählte mir, sein Chef sei so von der Menge der Mails in seiner Box überwältigt, daß er sie überhaupt nie heraushole! Vermeiden Sie, so zur Überlastung Ihres Nächsten beizutragen – und haken Sie telefonisch nach, wenn es eine wichtige Sache ist.

Emoticons

Emoticons (emotion + icon) sollen der Gefühlsneutralität beim Mailen abhelfen. Es gibt eine Anzahl von Wortzeichen und Abkürzungen, die dem anderen mitteilen, was man beim Abfassen der Mail empfand. Sie geben uns Hinweise, sind aber nur ein blasser Abklatsch davon, wenn wir sehen, wie jemandes Augen aufleuchten oder das Lachen hören, das auf unser Konto geht. Auch können Sie den Tonfall oder die Ticks nicht einfangen, aber wir sollten die Emoticons kennen und nach bestem Wissen einsetzen.

Dave Arnold von *Infosight* hat mir freundlicherweise ein paar davon aufgelistet. Die meisten davon liest man, indem man das Buch um 90 Grad dreht.

Die wichtigsten Emoticons

:-)	Lächeln, glücklich	:-o	Erstaunt, schockiert
;-)	Zwinkern	:-#	Ich sag nix
:-(	Schmollen, Trauer	8-)	Bin Brillenträger
:'	Schluchzen	{:-)	Trage ein Toupet

(Dave Arnold, Infosight)

Auch Abkürzungen werden benutzt, wie beispielsweise:

<g>:	grin	Grinsen
lol:	Laughing out loud	ist ja zum Lachen
rotfl:	Rolling on the floor laughing	ich könnt' mich kugeln
aka:	also known as	auch bekannt als
btw:	by the way	übrigens
imo:	in my opinion	meiner Meinung nach

imho:	in my humble opinion	meiner bescheidenen Meinung nach
otoh:	on the other hand	andererseits

Der Computerklotz

Die Geschwindigkeit auf der Datenautobahn kann ein Segen, aber auch ein Problem sein. Wenn wir nicht kurz Korrektur lesen, so vermitteln wir den (unterschwelligen Eindruck), daß wir:

1. nach Holzhackerart schreiben
2. das Geschriebene nicht durchlesen
3. nachlässig sind
4. uns nicht besonders um Rechtschreibregeln oder überhaupt um korrekte Sprache kümmern
5. schlicht und einfach nicht buchstabieren können

Vergessen Sie nicht: Das Rechtschreibprogramm ist nicht alles. Der Computer ermittelt keinen Kontext. „Caroline ißt mein Lieblingspferd“ ist für ihn nicht korrigierenswert, zumal er auch keine Parameter zur Beurteilung des Fassungsvermögens von Caroline hat. Ebenfalls nicht zu vergessen ist, daß Humor Online nicht dasselbe ist wie im direkten Gespräch; es fehlt der Ton, die Betonung und der Ausdruck. Gedruckt sehen wohlgemeinte Bemerkungen manchmal sehr irreführend aus.

Nicht antworten muß man verantworten

Muß man auf alle Mails antworten? Das ist eine schwere Frage. Manche brauchen keine Antwort, während bei anderen vielleicht eine Zeile angebracht ist wie:

- „Nett, von dir/Ihnen zu hören."
- „Das Treffen wurde vertagt."
- „Danke für den Hinweis (neueste Daten, letzte Version etc.)."
- „Bin eine Woche weg."

Chatrooms, Diskussionsforen und andere Treffpunkte

Fremden begegnen kann Online leichter sein, denn wenn wir uns in Chatrooms einklinken oder bei speziellen Interessengebieten, dann wissen wir bereits, was wir mit den anderen Internet-Gesprächspartnern gemein haben. Ich mache so meine Besuche im Speakernet, um Neues zu erfahren und mit meinen Kollegen vom Nationalen Rednerverband (National Speakers Association) Informationen auszutauschen.

Joan Einsenstodt ist in einem Schriftstellerforum an der Ostküste. „Da war ein Geist von Unterstützung und Verbindung zwischen einigen Frauen, und einige von uns legten gerne ihre Anonymität ab," sagte sie. „Wir wollten diese tolle Gruppe von Online-Freundinnen kennenlernen. Also organisierten wir einen Tag in New York, und es war sagenhaft. Es stärkte den Gruppengeist durch die Hinzufügung der persönlichen, unmittelbaren Dimension."

The Well, ein Online-Dienst im kalifornischen Sausalito, hat Direktbegegnungen zwischen seinen Mitgliedern veranstaltet. Ihre Neujahrsparty in San Francisco wurde auch Online übertragen, so daß man mehrdimensional mitfeiern konnte.

Die verschiedenen Chatrooms im elektronischen Haus sind die Stammtische und Salons von gestern – aber nicht jeder Chatroom hat Niveau. Robert Rossney, der Online-Kolumnist des San Francisco Chronicle schrieb in der Ausgabe vom 2. November 1995: „Sogar geistreiche Menschen finden es schwer, in ein paar getippten Zeilen etwas Sinnreiches oder Unterhaltsames von sich zu geben. Die meisten von uns verstehen es zu sprechen; tippen ist eine andere Sache."

Er meint, daß Chatrooms nicht immer der Ort für die besten Konversationen sind, daß sie aber „Orte sind, wo man Leute findet, mit denen man sich unterhalten möchte. Diese Gespräche können dann privat stattfinden."

Das Internetcafé – einloggen mit Milch und Zucker

Wayne Gregori, der Begründer des SFnet in San Francisco, hat eine Methode gefunden, wie man Live- und Online-Konversation miteinander verbindet, indem er in zwei Dutzend Cafés im Bay Area „Nur-Text-Terminals" eingerichtet hat.

Viele glauben, daß der jüngste Aufschwung bei Cafés und ähnlichen Treffs weniger mit Espresso oder Bier vom Faß zu tun hat, sondern vielmehr damit, daß Menschen mit anderen zusammenkommen wollen, um ein Gespräch anzuzapfen und sich einen Schuß Sahne in den ansonsten gesprächslosen Alltag zu gönnen. Aber einige von ihnen haben auch das Bedürfnis, elektronisch zu plaudern. In Waynes Internet-Cafés kann man sich für einen Vierteldollar pro fünf Minuten einloggen oder ein Monatsabonnement nehmen, um zu surfen, an Gruppendiskussionen teilzunehmen oder E-Mails zu empfangen.

Wayne ist ein technisch gewiefter Renaissancemensch, der in Paris gelebt hat und fließend Französisch und Italienisch spricht. „Ich war einfach von Sprache fasziniert. Das hat mich auf die Idee mit dem SFnet gebracht. Ich wollte eine erschwingliche Möglichkeit anbieten, zu kommunizieren und Ideen auszutauschen. Das erlaubt den Leuten auch, sich selbst zu prüfen, wie sie sprechen, und neu zu lernen, wie man erfolgreich miteinander umgeht. Das ist eine Gruppe von Menschen, die sich regelmäßig treffen, um über Ideen, strittige Themen und Ereignisse zu diskutieren.

SFnet ist der Stammtisch oder der Salon von heute. Ich habe Mauerblümchen aufblühen sehen und Romanzen beobachtet. Wir lernen einander als Menschen kennen. So viele Menschen fühlen sich einsam – und sind es auch tatsächlich –, ihnen vermittelt der Online-Kontakt ein Zugehörigkeitsgefühl zu einer Gemeinschaft."

Da Wayne bemerkt, daß soziales Geschick im realen Raum verfeinert wird, organisiert er sogenannte „Netgets", monatliche Treffen in verschiedenen Cafés.

„Wir haben hier einen Mann, der sich täglich einloggte, und seine Beiträge waren brillant", sagte Wayne. „Sein Wissen in einem weiten Spektrum von Themen war Gesprächsthema der Gruppe, und viele junge Leute hatten richtig Ehrfurcht vor Alistair – so war sein Name. An einem Tag hatten wir ein Netget in Berkely, und da kam dieser ältere Mann rein, ziemlich zerlumpt und schmuddelig. Die Leute fühlten sich unwohl. Als er von Gruppe zu Gruppe ging, dachten sie, er sei ein Stadtstreicher, der sie anbetteln wollte. Sie hätten sie sehen sollen, als er sich vorstellte: Es war Alistair. Denen fiel das Cyber-Kinn runter."

„Alistairs Bewunderer reagierten emotional. Als er gegangen war, heulten ein paar Leute los, und das Thema wechselte zur Obdachlosigkeit über – das war dann auch monatelang das Thema. Einige von den Leuten fragten Alistair, wie so etwas einem so gebildeten Menschen zustoßen konnte. Alistairs Antwort war, daß das Wissen, das er besaß, an sich wertlos war. An diesen Lektionen hat unsere Netzwerkgruppe noch zu kauen, denn Alistair hat das ganze Obdachlosenproblem real gemacht."

Wayne fügte noch hinzu: „Einer der Vorteile ist, daß über offensichtliche gesellschaftliche Grenzen hinweg Freundschaften begründet wurden."

WWW-Wunder

Das WWW steckt voller Information, aber das Surfen kann zu einer Informationsüberlastung führen. So entwickelt Bob Rosin Software für große TV-Netze; er selbst ist ein Webmaster. Bob hat schon drei Jahrzehnte E-Mail-Erfahrung und meint, man sollte Informations-Überladung vermeiden, indem man die richtige Methode findet, die Spreu vom Weizen zu trennen. Jede Woche gibt er einen neuen Webführer heraus.

„Meine Bekehrung zum WWW hatte ich 1995, als mir der Arzt sagte, ich hätte Schilddrüsenkrebs," sagt Bob. „Nachdem ich es Rosalie, meiner Frau, gesagt hatte, ging ich schnurstracks an den Computer und tippte dieses schrekkenerregende Wort ein. Schließlich landete ich beim National Cancer Institute (US-Krebsforschungsinstitut), und eine Minute später hatte ich die benötigten wertvollen Forschungsberichte."

Ich selbst ging 1996 ans Netz und bin jetzt eine „Website für müde Augen" (susanroane.com). Ich wußte, es war nicht die Welle der Zukunft, aber die Welle war jetzt da und lieferte außerdem einen Anlaufpunkt für Klienten, die mich brauchten oder engagieren wollten. Ob ich eine Ahnung habe, wie mein Freund und Computerexperte Ken Braly meine

Webpages angelegt hat? Gewiß nicht. Ich habe ihm meine Pressemappe, Bücher und Audiokassetten zugesandt. Den ersten Entwurf machte ich selbst und voilà!, es ist eine weitere Methode, um mit einem anderen in dessen Sprache zu kommunizieren und sich verständlich zu machen.

Werbung: Nicht mit der Tür in den Bildschirm fallen

Marcia Yudkin, die Autorin von Online-Marketing, liefert vollständige Leitlinien für alle, die nicht den Zorn der Hüter des Internets auf sich ziehen wollen.

Nach Ansicht von Marcia gibt es einen enormen Unterschied zwischen locker zielgerichtetem Geplauder und Dampfmachen, wo eine eindeutige Geschäftsaufforderung vorliegt. Sie empfiehlt ersteres. Letzteres könnte andere dazu anregen, den Zudringlichen abzumahnen. Ihrer Meinung nach sollte Sarkasmus wie auch Werbung unterbleiben. Sie rät zu Postings, um Probleme anzusprechen, Information beizutragen und Hilfe anzubieten.

Online-Geplauder gestattet uns, Geschäftsverbindungen zu pflegen, die sich sonst vielleicht anders entwickelt hätten, aber unverblümte Werbung wirkt wie eine kalte Dusche.

Netz-Effekte

Wir alle brauchen Geschick, um beim Netzgeplauder mitzuhalten und uns das Netz nutzbar zu machen – und Information dazu finden wir in Büchern, VHS- und IHK-Kursen oder in Online-Hilfsfunktionen.

Wir Nicht-Technik-Freaks brauchen Praxis und einen Helfer, der uns unter die Arme greift. Es ist wunderbar, wenn man einen geduldigen Tutor hat, der erklären und lehren kann und uns anleitet, wie man Dateien anfügt oder in Chatrooms eintritt, damit wir Informationen, Ideen, Hinweise und Kontakte austauschen können.

Wird das Internet einen Schlußstrich unter unser Bedürfnis ziehen, Menschen live zu begegnen und ein Bad in der Menge zu nehmen? Absolut nicht. Wir werden stets Betriebsfeiern haben, kundengesponserte Wohltätigkeitsveranstaltungen, Vorstandstreffen, Hochzeiten und Familientreffen und Weihnachtsfeiern. Und diese Direktkontakte werden Einfühlungsvermögen, Höflichkeit und Fähigkeiten der Konversation verlangen, was dann wieder Online Anwendung findet.

Erinnern wir uns

- Zwischenmenschliche Beziehungen steuern Unternehmen, und Technologie unterstützt diese Beziehungen. Das elektronische Miteinander fügt der Kommunikation eine neue Dimension hinzu, die nützlich und unterhaltsam sein kann.
- Das Online-Gespräch hat seinen Verhaltenskodex, den wir lernen und befolgen müssen.
- Wir können über Modem, E-Mail, Chatrooms und Postings miteinander verkehren. Vergessen Sie aber nicht, daß soziales Geschick in der realen Zeit ausgefeilt wird.
- Die elektronische Post hat Firmenhierarchien nivelliert.
- Das erlaubt zwar eine ungehindertere Kommunikation, erfordert aber, daß Ihre Nachrichten angemessen sind.
- Befolgen Sie die Mail-Regeln, damit die Konversation offen und in Fluß bleibt.
- Online-Höflichkeit verlangt, daß wir beim Thema bleiben und unsere Ideen, Fragen und Anmerkungen darauf abstimmen.

- Vergessen Sie nicht die „StVO“ (oder „Netikette“) auf der Datenautobahn.
- Die automatische Rechtschreibkorrektur reicht nicht aus; wir müssen uns schon selbst bequemen.
- Das Internet ist ein phantastischer Ort, um Menschen zu begegnen, zu lernen, zu forschen und Ideen auszutauschen, aber der richtige Austausch erfordert Verstand und Höflichkeit. Gutes Online-Benehmen kann uns persönlich wie beruflich nützlich sein.
- Online-Reklame macht man am besten, indem man zielgerichtet plaudert, aber nicht durch Kaufaufforderungen, Werbung oder Abschlußversuche.

10 Wie man ein Gesprächsmagnet wird

Gesprächsmagneten sind Menschen, mit denen man leicht ins Gespräch kommt. Wenn Sie jemandem ein Kompliment wegen seines Konversationsgeschicks machen, und der Betreffende schaut Sie erschrocken an und sagt: „Aber ich spreche so leicht und sage so kluge Sachen nur, wenn Sie in der Nähe sind!“ dann sind Sie ein Gesprächsmagnet.

Ein Gesprächsmagnet zu sein, der das Konversationstalent in anderen zutage fördert, ist eine Kunst – aber eine, die alle lernen können. Diese Menschen motivieren und ermutigen zu Kommunikation, die Beziehungen und Geschäftskontakte aufbaut. Wir finden sie an unserem Arbeitsplatz, zu Hause, auf dem Sportplatz, bei Treffen oder im Klassenzimmer, wo immer wir auch hingehen.

Dieses Kapitel hat etwas mit ihrem Geheimnis zu tun, und wie sie ihre Gabe nützlich machen.

Die Zauberworte

Gesprächsmagneten benutzen immer wieder bestimmte Zauberworte, und jedesmal tun sie es mit Ehrlichkeit und echter Überzeugung. Einige der Pfeile in ihrem Konversationsköcher sind die folgenden:

- „Bitte.“
- „Ihre Krawatte gefällt mir.“
- „Das war ein toller Fang.“
- „Wie kommen Sie voran?“
- „Danke.“
- „Oh, habe ich ganz vergessen.“

- „Du hast/Sie haben toll gespielt."
- „Ich bin stolz auf dich/Sie."
- „Entschuldige(n) Sie mich."
- „Kann ich dir/Ihnen behilflich sein?"
- „Gratuliere, daß das mit dem Kunden geklappt hat."
- „Das tut mir leid."
- „Schönes Wochenende."
- „Nein danke."
- „Wie geht es dir/Ihnen?" (Hören Sie auf die Antwort!)
- „Guten Morgen."
- „Gute Idee."
- „Darf ich?"
- „Würde dir/Ihnen das helfen?"
- „Seien Sie doch so freundlich, und antworten Sie auf meinen Anruf."
- „Das ist echt phantastisch!"
- „Kein Problem."
- „Ich brauche deine/Ihre Hilfe."
- „Mit Vergnügen."
- „Gute Präsentation!"
- „Tolle Arbeit!"
- „Aber gerne."
- „Wie ist es gelaufen?"
- „Ich bin sicher, daß das klappt."
- „Danke für das Angebot."
- „Du mußt/Sie müssen aber froh (stolz, glücklich) sein."

Erkennen Sie sie? Es sind alles Ausdrücke, die Höflichkeit, Respekt für andere und Rücksicht zeigen. Man kann die Wirkung dieser Zauberworte gar nicht hoch genug einschätzen. Wir haben sie früh im Leben gelernt, und sie sind mit der Zeit noch wichtiger geworden.

Wir geben jährlich für Schulung und Nachschulung, Management- und Motivationsseminare Millionen aus, damit Mitarbeiter mehr, besser und intelligenter arbeiten. Forschungen haben ergeben, daß das, was Mitarbeiter wirklich wollen, *Anerkennung und Würdigung* ist. Wir könnten eine Menge Geld sparen, indem wir die Zauberworte *Bitte* und *Danke* unserem Vokabular einverleiben würden. Versuchen Sie es! Die Ergebnisse werden Sie wahrscheinlich überraschen und erfreuen und Sie dazu anregen, diese Zauberformeln noch öfter anzuwenden.

Höflichkeit und Respekt sind nie verschwendet; sie sind eine Investition. Ich habe noch nie jemanden sagen hören: „Mein Chef ist doch ein Trottel; er hat mir gestern ein Kompliment zu meinem Projektentwurf gemacht."

Es klingt vielleicht simpel, aber es sind die „kleinen Dinge im Leben, die „zählen" und zu einer gelungenen Konversation beitragen.

Die Karriere des Dr. Unliebsam

Das ständige Auslassen der Zauberworte kann uns mehr kosten, als wir denken. Dr. Kay war Assistent des Personalchefs einer Schule. Sechs Monate nachdem er einen sehr geschätzten Vorgänger ersetzt hatte, sagte jemand aus seinem Büro zu mir: „Dr. Kay bedankt sich gar nie bei irgend jemand. Was man auch tut, es bleibt unbemerkt."

Ein gemeinsamer Bekannter wollte, daß Dr. Kay erfolgreich war und nicht von seinem Personal sabotiert wurde. Also gab er den Kommentar weiter. Dr. Kays Antwort war: „Warum sollte ich ihnen für etwas danken, was ja in ihrer Arbeitsplatzbeschreibung steht?" Kein Wunder, daß seine Untergebenen alle dachten, daß sie einen „undankbaren Job hatten."

Dr. Kay war nicht schüchtern; er war sehr redselig bei Kollegen und Leuten, deren Stimmen er für seine Projekte und deren Finanzierung oder für seinen Arbeitsvertrag brauchte. Aber seines Bleibens im San Francisco Unified

School District war nicht von Dauer. Ein Mann mit einem Doktorgrad in Erziehungswissenschaften hätte das besser wissen müssen.

Mit Bruchlandung zum Großauftrag

Es ist leicht, von Gesprächsmagneten etwas zu kaufen oder mit ihnen Geschäfte zu machen.

Lee ist ein leitender Berater in einer Beratungsfirma mit Kunden unter den *Fortune 100* Unternehmen. Vor einigen Jahren bekam er schließlich einen Gesprächstermin mit dem obersten Finanzmanager einer großen Firma. „Man hatte mich gewarnt, daß der Mann ein 'knallharter Bursche' sei, jemand, der nicht viele Worte machte und gleich zum Kern der Sache kam. Ich war also etwas eingeschüchtert, aber dann sah ich ein Photo von einer tollen Yacht auf seinem Schreibtisch und fragte ihn, ob er segelte. Er sagte 'Ja' und fragte mich, ob ich es auch tat. 'Ich wünschte, es wäre so', antwortete ich, 'aber ich bin Fallschirmsegler und habe mir neulich eine tüchtige Schramme zugezogen. ' Er fragte, wie es passiert war, also erzählte ich es ihm und sagte 'Soll ich sie Ihnen mal zeigen?'"

Der „knallharte Bursche" entspannte sich, plauderte lokker über Segeln und gab Lee schließlich den Auftrag. Lee hatte ein Thema aufgegriffen, das für den Kunden von Belang war, und war bereit, das Risiko einzugehen, seine Schramme zu zeigen. Lee ist ein Gesprächsmagnet, der die Konversations-Trio-Regeln auch da beherrscht, wo er sich eine weitere Schramme hätte holen können:

- Er sah sich das Photo an,
- stellte eine interessierte Frage,
- gab Auskunft über seinen eigenen Sport und berichtete über sein Malheur.

Außerdem gab Lee seinem potentiellen Kunden eine Information, auf die der andere eingehen konnte. Das führte zu dem Gespräch, aus dem sich das Geschäft ergab. Was wäre gewesen, wenn Lee seinen Gespächsstil auf den des wortkargen „knallharten Burschen" abgestimmt hätte? Vielleicht hätte er den Vertrag auch dann bekommen, aber er hätte keine Beziehung aufgebaut, die ihr geschäftliches Miteinander dann so angenehm gemacht hat.

Bonnie Raitts Song, mit dem sie den Grammy Award bekam, traf ins Schwarze: Als Gesprächsmagneten müssen wir anderen Information geben, die sie aufgreifen können, um mit uns zu sprechen, weil sie sich dabei wohlfühlen. Meine Rhetoriktrainerin Dawne Bernhardt sagt: „Ich warte nicht. Wenn ich meinen Name sage, füge ich immer etwas hinzu, was dem anderen einen Anlaß gibt, sich mit mir zu unterhalten."

Das Herz-As des Verkäufers

Die besten Verkäufer sind stets Gesprächsmagneten, denn – und das wird immer deutlicher – Verkaufen ist Gespräch, ganz gleich, ob das im Juwelierladen am Ort, beim Schuhmacher, Kartengeschäft, Delikatessenladen, in der Bäckerei, in einer Boutique oder im Blumenladen ist.

Mein früherer hiesiger CD-Shop gehörte Chris Kimball, einem gesprächigen, offenen, stets lächelnden jungen Unternehmer, der ein Meister der Unterhaltung ist. Er verkaufte mir sechs CDs, um mich beim Schreiben dieses Buches in die richtige Stimmung zu versetzen. Als ich Chris fragte, ob sein Geschick im Kundengespräch ein Teil seines Geschäftserfolges sei, antwortete er: *„Konversation ist nicht ein* ***Teil*** *vom Verkauf, es ist das* ***Herz*** *des Verkaufs."*

Chris hört seinen Kunden zu, lernt sie kennen und empfiehlt Ihnen neue Musik, die zu ihnen paßt. Er hört auch seiner Mannschaft zu. Ein junger Angestellter, dessen Hobby klassischer Tanz und Swing ist, empfahl, einmal eine CD mit Perry Como aufzulegen, und das im Zeitalter von zehntausend Irren und fingerlangen Fingernägeln. Aber Chris ging darauf ein – sie verkauften in anderthalb Stunden fünf Walzer CDs. Ich mußte lächeln, mitsingen, und den Takt mit den Füßen tappen. (Ich liebe Perry Como.) Gesprächsmagneten hören zu, und sie bringen uns dazu, auch zuzuhören und mitzureden.

Terry Norton ist ebenfalls ein Gesprächsmagnet und Mitbesitzer eines schicken Rahmengeschäfts. Er gibt zu, daß das Kundengespräch für den Geschäftserfolg wesentlich ist. „Auf diese Weise lernen wir etwas über unsere Kunden und können so auf ihre Bedürfnisse eingehen. Habe ich schließlich den Rahmen für das Familienporträt gestaltet, kenne ich die Lieblingsgeschichten der Familie und die Namen beider Großelternpaare auswendig. Nachdem sie gut behandelt und bedient worden sind, verlassen meine Kunden das Geschäft als meine kostengünstigste Werbung – eine begeisterte Empfehlung. Du kannst in einem Geschäftsgespräch jede Rolle spielen, die du willst, wenn du aber unehrlich bist, schaut man dir bald in die Karten."

> Wir sind, was wir zu sein vorgeben.
> (Kurt Vonnegut, Jr.)

Gesprächsmagneten beobachten Menschen und beurteilen Situationen, um herauszufinden, wie sie eine Konversation so angenehm und produktiv wie möglich machen können. Wenn diese Gesprächsmagneten zufällig auch noch Verkäufer sind, ist ihnen der Erfolg sicher.

Der Schlips als Aufhänger

Gesprächsmagneten geben sich große Mühe, es anderen angenehm zu machen. Woody Morcott ist der Chef von Dana Corporation, einem Unternehmen mit über zehn Milliarden Umsatz und Fabriken in 29 Ländern. Während der Cocktailstunde vor meinem Programm für seine Führungsmannschaft sah ich seinen ausgefallenen Schlips und machte eine Bemerkung darüber, daß er so lustig und anders war. „Susan, weil ich der Chef von Dana bin, haben manche Leute Herzklopfen, wenn sie mich ansprechen wollen. Dieser Schlips fällt so ins Auge und ist so lustig, daß er das Signal gibt: Okay, ihr könnt mich ansprechen. Das gibt ihnen einen Aufhänger für ein Gespräch und außerdem die Genugtuung, daß sie das Gespräch begonnen haben."

Seither tragen auch andere Männer ausgefallene Krawatten mit Disneyfiguren oder Ähnlichem. Das sind die „Türöffner" – und eine der neuen Modeoptionen für Männer in der Geschäftswelt. Wenn wir jemanden sehen, dessen Krawatte aus dem Rahmen „hängt", dann ist das eine Einladung, und man darf sie gerne darauf ansprechen.

Frauen laden ebenfalls mit Attributen zum Gespräch ein, die lustig, hell oder ungewöhnlich sind – eine Brosche, ein theatralischer Hut, eine Anstecknadel, Ohrringe oder ein farbenfroher Schal. Die Botschaft, die wir so aussenden, ist: „Ich bin ansprechbar." Die internationale Rednerin Patricia Fripp trägt oft atemberaubende Hüte, die zu Bemerkungen einladen.

„Konversations-T-Shirts" sind die jüngsten unter den Eisbrechern. Einst nur bei der Unterwäsche zu finden, sind sie mittlerweile ein Mittel zur Selbstaussage geworden. Wir tragen unsere Meinungen, Ideen und Bekenntnisse auf unserer Brust. Man bekommt sie als Geschenk oder als Souvenir an ein Ereignis. So oder so geben sie anderen einen Aufhänger für ein Gespräch. Mein letztes „Her mit der Schokolade, und keinem geschieht was!“ verrät viel. Ich trage auch T-Shirts von der Monet-Ausstellung im Chicago Art Institute, von der Grand Old Opry, King Crimson und Robert Fripp.

Magneten am Telefon

Es gibt eine besondere Untergruppe der Gesprächsmagneten, die einem *sogar am Telefon* das Gespräch leichtmachen. Das ist ein doppelter Segen.

Am Telefon müssen unsere Stimmen doppelte Arbeit leisten und sowohl Gesichtsausdruck wie Körpersprache vermitteln. Die besten Telefonmagneten sind lockere, selbstsichere Gesprächsprofis, die niemals an einer Vorgabe kleben, auch nicht bei einem Verkaufsgespräch. Das sind die Meister des Kaltkontakts – der Anruf bei einem Unbekannten, mit der Absicht, einen Abschluß zu machen –, aber ihr Erfolgsgeheimnis betrifft alle Anrufe, geschäftliche wie private. Um über das Telefon in Kontakt zu kommen, muß man den Angerufenen so behandeln, als kenne man ihn bereits, und ihm etwas von uns selbst erzählen, woran er anknüpfen kann. Der Trick ist, nicht dreist zu sein und Respekt zu wahren.

Der enorme Vorteil, ein Gesprächsmagnet am Telefon zu sein

- Information bekommen und geben
- Kontakt herstellen
- Verhältnis herstellen
- Geschäft aufbauen
- etwas lernen
- Probleme lösen
- Bekanntschaften machen

Die Marketingschule des „Man kann nie wissen“ gilt auch für Telefongespräche.

Vor achteinhalb Jahren gab ich ein Seminar an der University of Hawaii in Manoa, und jemand regte an, daß ich Marcie Bannon anrief, die damals Tagungsplanerin für den Bundesverband der Versicherungsagenten (National Association of Professional Insurance Agents) war. Das tat ich auch, und über die letzten Jahre hinweg haben wir eine Telefonfreundschaft geschlossen, zusammengearbeitet und uns schließlich getroffen. Unsere dauerhafte, herzliche Beziehung begann als ein kurzes Telefonat und ist zu einer Freundschaft geworden, die jetzt bereits zehn Jahre dauert.

Melinda Henning empfiehlt in ihrer „Doing Business by Phone™“-Methode, daß wir eine starke Botschaft in petto haben, für den Fall, daß der Anrufbeantworter eingeschaltet ist. Hinterlassen Sie eine Information, die Ihren Anruf hervorhebt, Dynamik vermittelt und einen Grund für einen Rückruf bietet.

- „Hallo, hier ist Sven Müller aus dem stürmischen Hamburg.“
- „Hallo, hier ist Alois Gruber aus dem sonnigen Kärnten.“
- „Hallo, hier ist Albert Basler, hat aber nichts mit Versicherungen zu tun.“
- „Hallo, hier ist Pauline Mann, Mann mit zwei ‘n’“.

Wetter und Sport geben dem anderen immer etwas zu antworten. Telefonmagneten sind zwar gesprächig, aber sie sind auch geschäftstüchtig. Nach dem einleitenden Geplänkel der Kontaktaufnahme gehen sie mit folgenden Wendungen zum eigentlichen Thema über:

- „Bevor ich es vergesse ...“
- „Kann ich gerade mal kurz das Thema wechseln ...?
- „Lassen Sie mich kurz zum Thema zurückkommen.“

Gesprächsmagneten nehmen auch die Abschiedssignale des anderen wahr, ein Abflauen des Gesprächs, Papiergeraschel oder das Klappern von Tasten, oder ein deutliches Abdriften der Aufmerksamkeit. Sie folgen dem Hinweis mit Sätzen wie: „Danke für Ihre Zeit. Ich weiß, daß Sie viel zu tun haben. Wiederhören."

Türsteher sind keine Türvorleger

Viele meinen, es sei ihre Aufgabe im Leben, die „TürsteherInnen" zu umgehen, die Anrufe an einen VIP entgegennehmen und „aussieben". Sie sehen in ihnen einen persönlichen Gegner und tun alles, um sie auszutricksen.

Das tun Telefonmagneten *nie*. Vielmehr machen sie sich die TürsteherInnen zu Freunden. Sie werden eigenständige Gesprächspartner, und das Problem des Abgewimmeltwerdens ist gelöst. Als Freunde des Türsteher werden sie bevorzugt behandelt, was auch auf den VIP Eindruck macht.

Die nackte Wahrheit läßt einen oft im Hemd dastehen

Wir können nur dann eine Konversation mit Tiefgang haben, wenn man uns Vertrauen schenkt. Der andere muß sich in Sicherheit fühlen, wenn es zum Austausch von tiefgehenden, wichtigen und intimen Gedanken kommen soll – ganz gleich, ob es sich um ein persönliches oder ein geschäftliches Gespräch handelt. Er muß Gewißheit haben, daß sein Vertrauen nicht mißbraucht wird. Dieses Vertrauen entwickelt sich mit der Zeit zu einer Beziehung.

Sind wir diejenigen, die Vertrauliches mitteilen, sollten wir vorsichtig sein mit der Lehre des „Ich halte nichts zurück; ich sage alles; ich nehme kein Blatt vor den Mund." Wenn wir so „die ganze Wahrheit" sagen, müssen wir aufpassen, daß wir das nicht auf Kosten des anderen tun, indem wir ihn als Abladeplatz oder unbezahlten Psychotherapeuten benutzen. Das kann einen genauso abschrecken, wie wenn jemand kaum mit der Sprache herausrückt. Wir müssen auf die Signale des anderen eingehen, Grenzen respektieren, und nicht unser Herz ausschütten, wo es nicht wirklich am Platz ist.

Dr. Judith Briles, die Autorin von *Gender Traps*, empfiehlt, daß wir genau prüfen, wieviel von unserem Privatleben wir am Arbeitsplatz zum besten geben wollen, und uns zurückhalten sollen, zu vieles zu früh auszuplaudern. Wird es in übler *Absicht* weitergetragen, so kann Ihre Karriere gründlich sabotiert werden.

Die Journalistin Cynthia Hanson, meine Begleiterin auf vielen Streiftouren durch Chicago, sagt, daß echte Gesprächsprofis nicht in Sachen herumstochern, die uns unangenehm sind. Eine alte Freundin tauchte in Cynthias Leben wieder auf und „beglückte" sie mit Geschichten aus ihrem Nacht- und Sexleben. Cynthia war nicht wohl dabei. „Ich wollte ihr nicht geradeheraus sagen, daß mich das nicht mehr interessierte, aber sie achtete nicht auf meine zaghaften Hinweise." Gesprächsprofis registrieren Signale und Hinweise, denn sie achten sowohl auf das, was der andere sagt wie auch auf das, was er *nicht* sagt.

In seinem Buch *Emotionale Intelligenz* schreibt Daniel Goleman, daß Gesprächsmagneten gut entwickelte soziale Fähigkeiten und Feingefühl haben – und uns immer nur in Gespräche verwickeln, die für uns interessant sind.

Mitgefühl ausdrücken

Gesprächsprofis wissen, was man in schwierigen Situationen sagt. Es ist manchmal schwer, sich mit jemandem zu unterhalten, der in einer Krise steckt oder trauert – aber es ist wichtig, daß man Aufmunterung, Mitgefühl und Interesse ausdrückt und seine Zuneigung auch zeigt. Es nicht zu tun, spricht Bände über uns ..., in denen nichts Gutes steht.

Ich traf kürzlich eine frühere Klassenkameradin, die ich ein Jahr lang nicht gesehen hatte und deren beste Freundin in Jerusalem bei einem Terroranschlag getötet worden war. „Meine beste Freundin, seitdem wir krabbeln konnten, ist fort", sagte Sharon. „Ich habe das Gefühl, als ob ich einen Teil von mir verloren hätte. Es tut weh; ich bin deprimiert."

Ich berührte sie leicht an der Schulter und sagte: „Du hast einen großen Verlust erlitten, eine gute Freundin. Es tut mir leid, von ihrem Tod zu hören. Das muß dir fast das Herz gebrochen haben."

Wir drücken zwar den Angehörigen von Verstorbenen unser Mitgefühl und unser Mitleid aus, aber wir vergessen oft die Freunde, die zur „Wahlverwandtschaft" gehörten und mindestens ebenso viel Schmerz empfinden.

„Ich habe nichts gesagt, weil ich nicht wußte, was ich sagen sollte." Das ist kein Grund. Ich habe von manchen gehört, die sich von Freunden und Kollegen ignoriert oder verlassen fühlten, die „nicht wußten, was sie sagen sollten" und deshalb auch nichts sagten oder taten. *Wir müssen unsere Befangenheit überwinden und uns in die Lage dessen versetzen, der Schmerz empfindet.* Das erfordert Mitgefühl und Mitleid, auch wenn wir nur sagen können: „Ich weiß nicht, was ich sagen soll, aber ich denke an dich." Vergessen Sie nicht: Auch Chefs und Vorgesetzte verlieren Ehegatten, Geschwister, Kinder und Eltern.

Selbst wenn wir wirklich überfordert sind, auf jemanden zuzugehen, der einen Unfall gehabt hat, schwer erkrankt ist, eine Operation hinter sich hat oder einen Sterbefall in der Familie, so gibt es doch die entsprechenden Karten. Wir können den anderen zumindest wissen lassen, daß wir an ihn denken, und manchmal gibt uns auch das Durchsehen der Karten eine Idee, was wir schreiben können.

Ausdrücke des Mitgefühls

- „Es tut mir so leid. Das war ein großer Verlust."
- „Es ist so hart, wenn man einen guten Freund (Verwandten, Ehepartner, Kind) verliert."
- „Ich kann es noch gar nicht begreifen."
- „Du hast/Sie haben mein Mitgefühl."
- „Kann ich dir/Ihnen irgendwie helfen?"

Wir brauchen ja nicht viel zu sagen, aber es muß von Herzen kommen. Manchmal ist das größte Geschenk, wenn man dem Trauernden mit Augen, Ohren und Herz zuhört. „Es ist so wunderbar, wenn jemand mit einem eine liebe Erinnerung teilt", sagte meine Freundin Sylvia Cherezian, deren Mann verstorben war. „Der Tod stumpft einen ab, und es ist, als ob unsere Lieben nie gelebt hätten. Diese Erinnerungen und Geschichten bestätigen, daß sie da waren und stillen den Schmerz."

Gesprächsmagnet sein erfordert emotionale Intelligenz, auch in schwierigen Momenten. Die anderen wissen unser Mitgefühl zu schätzen und spüren, wenn es echt ist.

Die Kunst des rechten Maßes

Der Kern des Erfolges von Gesprächsprofis ist ihre Fähigkeit, das rechte Maß zu finden. Alles kann zu einem Problem werden, wenn es übertrieben wird. Die Fähigkeit, unsere Konversation auszubalancieren, zeigt sich in vielem. Hier sind einige Paradoxa, die Gesprächsprofis gemeistert haben:

- Offen sein, aber nicht zu offen.
- Schweigend zuhören, aber nicht nur schweigen.
- Mitgefühl zeigen, aber nicht überschwenglich.
- Schwung besitzen, ohne überwältigend zu wirken.
- Gesprächspartner und Geschichtenerzähler sein, ohne die Konversation an sich zu reißen.

Es ist ausschlaggebend zu wissen, *was*, *wann* und *wie* man etwas sagt. Wir können diese Fähigkeit entwickeln, indem wir uns die Zeit nehmen, uns auf andere einzustellen. Das ist das ganze Geheimnis des Gesprächsmagneten.

Tips mit uneingeschränkter Haftung

Was tun Gesprächsprofis, damit der andere seine Befangenheit verliert und sich zum Gespräch ermutigt fühlt? Hier ist eine Liste, die ich anhand meiner Befragung von Gesprächsprofis zusammengestellt habe:

- Tun Sie den ersten Schritt und gehen Sie auf den anderen zu. Sagen Sie „Guten Tag".
- Hören Sie auf die Vorstellung. Das will manchmal geübt werden und verlangt etwas Stille.
- Halten Sie Blickkontakt und lächeln Sie.
- Wenden Sie, wo angebracht, Humor an, um das Gespräch aufzulockern.
- Achten Sie auf das, was gesagt wird, und gehen Sie darauf ein. Lassen Sie die Situation das Thema abstecken.
- Halten Sie sich über Aktuelles auf dem laufenden.
- Seien Sie mit einem breiten Spektrum von Themen vertraut.

- Ermutigen Sie andere, einen Beitrag zu leisten.
- Regen Sie die Konversation an, indem Sie Fragen mit einer Bemerkung und einer Gegenfrage beantworten.
- Informieren Sie sich über die Perspektiven und Hintergründe anderer.
- Begrüßen Sie mit einem festen Händedruck.
- Sprechen Sie mit Autorität und Sachkenntnis.
- Bitten Sie andere um ihre Meinung.
- Erzählen Sie interessante Geschichten.
- Seien Sie offen für Veränderung und Austausch.
- Verstecken Sie Ihre Begeisterung nicht.
- Sprechen Sie andere im Gespräch mit ihrem Namen an.
- Hüten Sie sich, das Gespräch an sich zu reißen.
- Variieren Sie Ton, Sprechmelodie und Tempo.
- Nehmen Sie den anderen durch Ihre freundliche Art ihre Befangenheit.
- Öffnen Sie den Gesprächskreis, indem Sie einen Schritt zurücktreten, um einem anderen Zutritt zu verschaffen.

Wir tun das ja alles, aber wir können es bewußt noch besser tun, um ein selbstsicherer und anteilnehmender Gesprächspartner zu sein – und andere zu inspirieren, es uns nachzutun. Das wird uns in jeder Gruppe zu angenehmen Gesprächsmittelpunkten machen.

Erinnern wir uns

- Gesprächsprofis haben unerschütterlich gute Manieren und gehen verschwenderisch mit Zauberworten und Zauberformeln um, wie „Bitte", „Danke", „Entschuldigung" und „Gratuliere!"
- Konversation ist das Herz-As eines Verkäufers.
- Eisbrecher wie lustige Krawatten, T-Shirts oder Ohrringe etc. knüpfen Gespräche.

- Sprechen Sie mit Menschen, die trauern; drücken Sie Mitgefühl aus und teilen Sie liebe Erinnerungen.
- Betrachten Sie das Telefon als einen Freund, der uns mit anderen verbindet. Überlegen Sie sich, warum Sie anrufen, und seien Sie vorbereitet. Spulen Sie nicht einfach etwas ab, selbst wenn Sie einen Geschäftszweck verfolgen.
- Gesprächsprofis geben sich immer Mühe, daß sich ihre Partner bei der Unterhaltung wohlfühlen.

11 Konversationskiller: Was man besser *nicht* sagt

Zu wissen, was man nicht sagt, ist genauso wichtig zu wissen wie das, was man sagt und wie man es sagt. Es ist leichter, Gesprächskiller bei anderen festzustellen als bei sich selbst – und wir alle müssen unsere Gesprächsstrategien, Verhaltensmuster und Eigenarten gegen Gesprächskiller absichern. Erfolgreiche Gesprächsprofis, die uns unsere Befangenheit nehmen, hüten sich vor dieser Art von Fauxpas.

> Die Sprache ist ein Gottesgeschenk,
> dem Menschen eigen, und darf nicht angewandt
> werden für etwas, das herabwürdigt.
> (Maimonides)

Unterhaltung ist kein Wettkampf

Ich war neulich mit einer Gruppe bei einem sogenannten „Posh do" eingeladen; so nannte es ein junger englischer Freund – also bei „den feinen Leuten". Während der Cocktails, bevor es losging, beobachtete ich und hörte unserer Gruppe zu. Mein Begleiter und ich waren die „Neuen". Es war lustig für mich, das verbale Putzen und Stolzieren zu verfolgen, wie Pfauen, die ihr Rad schlagen und einander beäugen. Im Grunde erinnerten sie mich an Rapper – dasselbe Angeben, Herausplatzen und Fluchen – etwas subtiler vielleicht, aber dieselbe Botschaft: „Meins ist Größer und Besser als Deins!"

„Mein" – das ist eine Welt der Geschäfte, der Verlage und Unternehmen. Ich habe Kollegen gehört, die ganz ekstatisch wurden, wenn es um Beraterverträge, Klienten, Mehrfachvorträge und Buchtantiemen ging. Bei ihrem Erzählen und Wiedererzählen nehmen die Zahlen, Prozente und Gewinne immer exponentiell zu. Ein erfahrener Bekannter gab zu: „Wenn Sie diesen Typen zuhören, streichen sie immer eine Null vorm Komma weg."

Eine weibliche Verkaufschefin sagte mir einmal, daß es in der Geschäftswelt gang und gäbe sei, sich bei Umsätzen zu übertrumpfen. „Es geht immer um Geld; viele Männer messen sich so. Und da es ihr Maßstab ist, ist es sowohl ein Gesprächsthema als auch ein Mittel des Wettbewerbs. Um ehrlich zu sein – manche Frauen sind auch ganz schön wettbewerbshungrig im Gespräch."

Niedermachen gilt nicht

Unter wirklich erfolgreichen Menschen führt der Versuch, die erste Geige zu spielen, sehr schnell dazu, daß man mit Pauken und Trompeten abtritt. Diese Angeberei setzt nicht denjenigen herab, den wir auf Platz zwei verweisen wollen, sondern vor allem uns selbst. Damit kann man jedes gute Gespräch abwürgen. Wir sollten aufpassen, daß wir niemandem den Lorbeer zerzausen. Ein Geschäftsfreund erzählte mir, als er einmal gerade aus Hawaii zurückgekommen war, habe ihn ein Kollege gefragt, wie viele Inseln er besichtigt habe. „Als ich ihm das sagte, winkte er lässig ab und meinte, das seien die 'Billiginseln'; die Inseln, wo er häufig hinfahre, seien da etwas viel Besseres. Da war ich natürlich nicht gerade begeistert, und ich hatte auch keinen Spaß mehr an dem Gespräch."

> Konversation sollte kein Wettbewerb sein.

Eine weitere Wettkampfstrategie – der Themawechsel an unzeitiger und ungeeigneter Stelle – macht einem Gespräch ebenfalls den Garaus. Wenn sich jemand bei einem Thema nicht kompetent fühlt, kann er eventuell plötzlich das Thema wechseln, um sich wieder auf sicherem Boden zu fühlen.

Wissen als Waffe

Wir alle wetteifern in verschiedener Weise. Manchmal geht es darum, wer mehr weiß, wer besser auf dem laufenden ist, oder wer am meisten liest.

Ein Freund sagte zu mir: „Mein Onkel liest zuerst die Zeitung, und ich schwöre dir, er lernt sie auswendig. Dann bringt er die Tagesereignisse und die Außenpolitik auf den Tisch, einfach, um zu zeigen, wieviel er weiß". *„Hab ich dich!"* ist zwar ein Motto im Wettkampf, aber nicht im Gespräch. Wir lesen, um ein Gespräch zu erzeugen und nicht, um es zu ersticken.

Konversation ist auch nicht notwendigerweise eine Debatte. Die Fähigkeit, vernünftig und logisch zu denken, ist zwar unschätzbar, und es ist erfreulich, wenn man kritisches

Denken auch in einem normalen Gespräch einsetzt, aber es ist in mancher Konversation nicht angebracht. Wir werden stets unterschiedliche Meinungen haben, aber es gibt immer die Möglichkeit, daß man auch ohne Debatte miteinander spricht. Manche meinen, daß eine Debatte einem Gespräch erst den richtigen Glanz verleiht, es zum Funkeln bringt. Aber Debatten sind nicht jedermanns Geschmack.

Gute Konversation trägt unseren Unterschieden Rechnung. Eine gesunde Diskussion ist keine Auseinandersetzung. Sie verträgt zwar ein bißchen Pfeffer, um interessant und informativ zu sein; wer aber Zunder dazutut, hat das falsche Rezept erwischt.

Wissen als Hindernis

Pädagogische Ermahnungen haben nichts mit Konversation zu tun. „Ich bin der Lehrer, der Gebildete, der Ihnen zeigen wird, was zu lernen ist" – das ist keine Einstellung, die den Fluß eines Gespräches in Gang hält. Oder „Lassen Sie mich Ihnen sagen, was Sie tun müssen und wie man es tut."

Wir alle kennen Menschen, die mit jedem Wort erklären, belehren oder verbessern müssen – ein Gespräch mit ihnen ist nicht sonderlich interessant. Es ist gespickt mit „Sie sollten" und „Sie sollten nicht". Solche Formeln sind die Totengräber jeder Konversation.

Ich habe zugegebenermaßen auch mein gerüttelt Maß an „lehrreichen" Konversationen, aber ich versuche, meine Schulmeisterei in Grenzen zu halten. Sich in etwas zu verbeißen, schmeckt nicht immer, und der erhobene sprachliche Zeigefinger ist keine Einladung zum Gespräch.

RoAnes empfohlene Alternative: Menschen, die über viele Informationen verfügen, sich in Verfahren auskennen und enormes Fachwissen besitzen, können immer einen geeigneten Rahmen finden, in dem sie sich mitteilen – Kurse an einer VHS, freiwillige Arbeit in einer Jugendgruppe oder Nachhilfeklassen in Schulen.

Der tödliche Warnschuß

Grammatikalische und syntaktische Verwarnungen können eine Konversation mitten im Satz zum Erliegen bringen.

Eine Freundin unserer Familie in Chicago erzählte mir, daß ihre Mutter das ständig tut. „Es spielt keine Rolle, wer gerade da ist oder wieviel Leute an dem Gespräch beteiligt sind. Sie unterbricht und korrigiert mich und erwartet dann, daß ich es korrekt wiederhole – so, wie sie es für richtig hält – und dann so weitermache, als wäre nichts geschehen. Ich finde das ungehörig. Ich bin jetzt erwachsen – über 50 – und ich habe ihr nie die Erlaubnis gegeben, meine persönliche Grammatikhüterin zu sein."

Ob die Grammatikhüter nur ihre Macht demonstrieren wollen, zeigen wollen, wer Herr im Hause ist oder das Gespräch steuern wollen – *Tatsache ist, daß solche Disziplinarmaßnahmen das Gespräch abtöten.*

Alte Regeln, gute Regeln

Manche Regeln überstehen die Zeiten. Eine ist, daß wir in guter Gesellschaft nicht über Geld sprechen. Menschen, die seit langer Zeit Geld besitzen, sprechen überhaupt nicht darüber.

Viele sind mit der Regel aufgewachsen: „Über Religion und Politik spricht man nicht!" Andere sind in Familien aufgewachsen, wo über nichts anderes gesprochen wurde. Heute, wo wir erwachsen sind und auf dem Wege, Gesprächsprofis zu werden, können wir unserem eigenen Urteil vertrauen, wann diese Themen angebracht sind und wann nicht.

Die beste Regel ist die älteste, die Goldene Regel: „Was du nicht willst, das man dir tu, das füg´ auch keinem andern zu.“ Wir möchten, daß man auf unsere Gefühle Rücksicht nimmt und nicht über Themen spricht, bei denen wir uns unwohl fühlen. So sollten wir uns auch anderen gegenüber verhalten.

Die Sache mit der Wahrheit

Wenn wir es mit der Wahrheit nicht so genau nehmen, um Eindruck zu machen, kommt man uns früher oder später auf die Schliche – und der gemachte Eindruck ändert sich radikal.

Jack A. wollte sich wie ein zweiter Rockefeller aufspielen, als er zwei Kollegen in meiner Gegenwart erzählte: „Ich knallte den Hunderter vor die Kasse und sagte dem Verkäufer, er solle den Schlips einpacken.“

Ich war platt, denn ich war im Laden dabeigewesen und wußte, daß er dreißig Dollar herausbekommen hatte. Nicht nur seine Darstellung war ungenau, sondern auch das Bild, daß er das Geld auf den Ladentisch geworfen und den Verkäufer herumkommandiert habe. Außerdem stellte er sich selbst als grob und ungehobelt dar.

Wie wir Dienstleistende behandeln, spricht Bände über uns – das gilt auch für unseren Umgang mit der Wahrheit.

Konversation ist kein Verhör

Fragen stellen ist eine Kunst. Gerade hier macht der Ton die Musik. Also nicht zu neugierig, nicht zu persönlich, nicht zu forsch, nicht zu einengend und nicht zu locker.

Und vor allem ist es wichtig, seinem Gesprächspartner keine Löcher in den Bauch zu fragen!

Vergessen Sie nicht, wir sprechen über Konversation und nicht über Trivial Pursuit. Wenn ich mit Fragen überschüttet werde, werde ich hellhörig. Was könnten die Motive des Kleininquisitors sein. Das Gegenmittel meiner Nachbarin Eva Nieto: Sie feuert dieselbe Frage zurück.

Bei einem Essen mit Kollegen wurde ich Zeuge eines regelrechten Verhörs unseres Gastes von der Ostküste – eine Flut von persönlichen, bohrenden, aufdringlichen Fragen, so daß ich mich innerlich wand. Bei allem Charme der Fragestellerin ging diese Art des Ausfragens für einen Anlaß, der auch geschäftlicher Art war, viel zu weit.

Zwar fühlte sich der so Ausgefragte offensichtlich nicht wohl in seiner Haut, aber er machte gute Miene zum bösen Spiel, auch wenn es uns gar nichts anging. Er hätte seiner Inquisitorin lächelnd antworten können: „Ach, das ist eine alte Geschichte. Ich bin viel mehr interessiert, etwas über Ihr Leben, Ihre Person, Ihren Alltag, Ihre neue Arbeit, Ihre Verkaufsstrategie etc. zu erfahren." Zu allem Überfluß beherrschte unsere Kollegin, die charmante Befragerin, den gesamten Abend und schloß damit einen wechselseitigen Austausch aller vier Anwesenden aus.

Neugier ist eine wundervolle Eigenschaft, aber in Überdosis wirkt sie aufdringlich.

Konversation ist keine Pflichtübung

Beth beschrieb einen Abend mit einem ehemaligen Verehrer, der nicht gelernt hatte, daß Ausfragen nichts mit Unterhaltung zu tun hat. „Ich zögere, ob ich seine Anrufe beantworten soll, denn die beiden letzten Male mit ihm waren zum Eindösen. Er sprach den ganzen Abend über sein Geschäft und seine Mundoperation! Kein bißchen Interesse an mir oder meinem Geschäft. Als ich schließlich ein Thema aufbrachte, das mich bedrückte, stürzte er sich förmlich auf mich und stellte bohrende, unangenehme Fragen, als ob er ein Psychiater oder jemand vom FBI wäre, der mir auf den Zahn fühlen wollte."

Beth kam gerade aus Italien zurück und erzählte mir, sie wollte Italienisch lernen. Also fragte ich sie, ob es nicht besser gewesen wäre, den Abend damit zu verbringen, anstatt mit dem langweiligen Ex-Verehrer, und sie pflichtete mir bei. Wir sollten aus Gesprächen keine Pflichtübungen machen und müssen lernen, unsere Zeit klüger zu nutzen.

Die andere Seite dieser Sache ist, daß wir ja Interesse an anderen haben und dies auch zeigen wollen, und dies tun wir nun einmal mit Fragen. „Ich habe keine Fragen" kann ebenso irritierend sein wie zu viele. Nach Verlauf von drei Jahren wurde mir bewußt, daß eine ehemalige Bewunderin und neue Bekannte nie sehr viel Interesse an meinem Leben zeigte. Zwar wußte ich alles über sie, aber sie wußte nichts über mich. In einem Telefongespräch mit einer Freundin erwähnte ich dies, sagte aber zu ihrer Verteidigung: „Ich muß zu Pats Ehre sagen, sie bohrt nie."

Meine weise Freundin Marcie Bannon fragte: „Susan, was läßt dich annehmen, daß das gut ist? Nach drei Jahren sollte jemand, der eine Freundin sein will, etwas über deine Vergangenheit und dein Leben wissen. Vielleicht hat es gar nichts damit zu tun, daß sie nicht gerne bohrt, sondern damit, daß sie nicht interessiert ist."

Keine Fragen, keine Antworten, kein Interesse – kein richtiges Gespräch. Balance und Feingefühl sind die Schlüssel zu den richtigen Fragen und auch dazu, daß unsere Fragen kein Urteil sind.

Konversation ist kein Verkaufsgespräch

Sind Sie schon einmal bei einer Veranstaltung (Empfang der Handelskammer, Monatstreffen eines Berufsverbandes, formloses Treffen) jemandem vor die Flinte gelaufen, der unbedingt einen Absch(l)uß tätigen will? Sie wissen, wovon ich spreche? Es sind Leute, die fälschlicherweise immer glauben, daß sie einen 30-Sekunden-Werbespot abspulen müssen.

Nur ein Beispiel: Ich war bei einem Empfang der San Francisco Chamber of Commerce und mischte mich, wie Sie sich denken können, unter die Menge. Da stieß ich am Buffet auf einen jungen Mann und begrüßte ihn. Er begann begeistert von seinen Produkten zu sprechen. Ich hörte höflich zu und stellte als großzügige Gesprächspartnerin ein paar Fragen über sein Geschäft; aber dann tat er etwas Unverzeihliches. Er fragte, ob ich „nicht auch eine jugendliche Haut wünschte." Na, und ob! Dann behauptete er, er habe „das perfekte Produkt, um auch mir zu helfen, ein jugendliches Aussehen zu bekommen."

Ich knirschte lächelnd mit den Zähnen, griff ihn am Arm, zeigte mit der anderen Hand auf mein Gesicht und sagte: „Sehen Sie das Gesicht? Es ist 48 Jahre lang auf diesem Planeten gewesen. Irgendwas muß ich also richtig machen!"

Heben Sie sich Werbung und Verkaufsgespräche für den geeigneten Anlaß auf. *Konversation ist kein Verkaufsgespräch*, besonders nicht, wenn man anderen dabei auf die Hühneraugen tritt (oder verkaufen Sie ein Mittel dafür ...?).

Manche Verkäuferschulungen vertreten eine Methodik des „forschenden Fragens". Dabei muß man jedoch auf die Reaktionen der anderen achten. Wenn wir bei einer Veranstaltung sind, wo man sich ungezwungen unterhält, und wir treten als Bauchladenverkäufer auf, so hinterlassen wir einen extrem negativen Eindruck.

Monologe sind für die Bühne

Shakespeares Monologe sind großartig auf der Bühne; im praktischen Leben wirken sie etwas „daneben". Ich war einmal bei einem Abendessen mit Gary Nongallant, einem passionierten Abspuler von Monologen, der mich als Autorin von *Sag doch einfach hallo!* beeindrucken wollte, indem er mir sagte, wie man wirklich seine Zuhörer mitreißt. „25 Prozent der Leute mögen mich nicht, aber wenn ich einen Saal verlasse, ist da eine Leere." Was er vielleicht nicht gemerkt hat, ist, daß viele Leute wahrscheinlich für die Leere dankbar waren.

Meine Freundin Jeanie und ich begegneten ihm eines Tages. Wir machten ein paar Späße über den Kongreß der American Booksellers Association, aber dann stürzte sich Gary in eine zehnminütige Schmährede auf alle möglichen Verleger, die offensichtlich seine Werke nicht zu würdigen wußten. Schließlich warf ich ein, daß Jeanie die Verlagsszene gut kenne, aber das konnte ihn nicht stoppen. Als er kurz nach Luft schnappte, verabschiedeten wir uns und gingen fort. Sie wandte sich mir zu und fragte: „Wer war denn *das*?"

Gary hatte uns keine einzige Frage gestellt oder irgendeinen Versuch gemacht, ein Gespräch zu beginnen. Jeanie hatte einen Kunden unter den Verlegern, den sie an einer Stelle im Gespräch erwähnte. Wenn Gary da den Mund gehalten und zugehört hätte, wäre er auf diesen Hinweis eingegangen. Ich hatte erwähnt, daß ich an diesem Buch schrieb; das hätte er als Aufhänger nehmen können, aber es mangelte ihm an Interesse, sich danach zu erkundigen.

Mein Freund Jeff Slutsky, ein phantastischer Redner und Autor, gab die „Fünf-Minuten-Regel" einer Bekannten zum besten. „Wenn Sie mit jemandem sprechen, der nicht innerhalb der ersten fünf Minuten eine Frage stellt oder sonstwie Interesse an Ihnen zeigt, – gehen sie fort."

Konversation ist kein Selbstgespräch, und die meisten von uns sind nicht Hamlet.

Haha!

Die Konversation mancher Menschen besteht in einem Sturzbach von Witzen. „Kennen Sie schon den über …?“

Eine Klientin erzählte mir, sie arbeite mit jemandem zusammen, der eine enorme und für kommende Generationen aufgezeichnete Witzesammlung besaß. Ich fragte sie, ob er ein guter Unterhalter sei. Sie antwortete: „Ich weiß bloß, daß er lustig ist. Wenn ich es recht bedenke, gibt es mit ihm nicht viel Unterhaltung. Er erzählt meistens Witze.“

Die Fähigkeit, Witze zu erzählen, ist eine Gabe, aber sie kann das Geben und Nehmen des echten Austausches nicht ersetzen. Wenn man es übertreibt, wird Witzeerzählen zum Selbstgespräch. Das kann eine Taktik sein, um die Unterhaltung zu kontrollieren und sich aus einem echten Engagement und Austausch, der ja das Wesen der Unterhaltung ist, herauszuhalten.

Nicht vergessen: Mit Unterhaltung wird nicht gespaßt!

Unerbetene Ratschläge sind keine Konversation

Erinnern Sie sich an den berühmten Satz: „Ich will nur Dein Bestes“? Das ist es selten.

Bleiben Sie mir mit Leuten vom Hals, die fragen: „Haben Sie schon mal daran gedacht, (abzunehmen, eine Assistentin anzustellen, einen Pentium zu kaufen, für einen Etikette-Spezialisten zu arbeiten, sich die Haare färben zu lassen?)“

> Graue Haare sind die Graffiti Gottes.
> (Bill Cosby)

Der Berufsredner Scott McKain erzählte mir von einem Vorfall auf dem Kongreß der National Speakers Association. „Ich war gerade mitten im Gespräch mit einem alten Kollegen über einen gemeinsamen Freund, der verstorben war. Einer der Anwesenden platzt in unser Gespräch und unterbricht es mit einer technischen Frage an mich, die ich nach bestem Wissen beantworte und feststelle, daß die Ergebnisse des Projekts nicht die waren, die ich erwartet hatte. Ich wende mich also wieder dem Gespräch zu, und dieser Typ unterbricht mich nochmal und sagt mir, ich hätte da „was verschenkt."

Scott erklärte ihm, daß er ehrlich gewesen sei und daß dies nicht automatisch heißt „etwas herzuschenken". Der „Ratgeber" überschüttete daraufhin Scott mit weiteren unerbetenen und unnötigen Ratschlägen, bis Scott der Kragen platzte: „Wer hat Sie überhaupt gefragt?"

Seit 30 Jahren behauptet meine Freundin Lana Teplick: „Hinter Ehrlichkeit kann sich auch Brutalität verstecken."

Unerbetener Rat ist fast immer zum Nutzen für den Ratgeber, nicht für den Empfänger – und es macht keine gute Konversation. Manchmal müssen wir professionellen Rat geben, aber dann sollten wir das im richtigen Rahmen und bei geeignetem Anlaß tun. Emotional intelligente Menschen haben die ausgefeilte Fähigkeit, Rat in der richtigen Weise und zur richtigen Zeit zu geben.

Sie begreifen, daß Konversation nichts mit unerbetenem Rat zu tun hat.

Hauptsache Geschwätz

Was für den einen Klatsch ist, sind für den anderen „Neuigkeiten" – und ich gestehe, daß ich mich manchmal den Verlockungen der Gerüchteküche nicht entziehen kann: „Wenn du nichts Nettes zu sagen hast, setz' dich zu mir."

Aber im Ernst: Information und Nachrichten auszutauschen, ist nicht ohne Risiko. Man sollte nicht:

- tratschen
- Gerüchte in die Welt setzen oder verbreiten
- negative Informationen weitergeben, auch wenn sie erwiesenermaßen stimmen

Wenn Kinder und Jugendliche das tun, ist es schon schlimm genug, aber Erwachsene sollten sich zurückhalten, andere herabzusetzen. Es zeigt einfach einen Mangel an Gesprächsgeschick zusammen mit mangelndem Selbstvertrauen und mangelnder Klugheit.

Selbstsichere Menschen, die sich wohl in ihrer Haut fühlen, haben es nicht nötig, über andere herzuziehen, um sich selbst ins rechte Licht zu rücken.

Um ehrlich zu sein, sind manche so daran gewöhnt, negativ zu denken, daß sie noch nicht einmal merken, wann sie sich daneben benehmen. Bei einem kürzlichen Besuch in Chicago brachte ich Bilder mit, die mich auf dem „Black-and-White-Ball" zeigten, der halbjährig stattfindenden Spendenveranstaltung des San Francisco Symphony Orchestra. Vor dem Ball hatte ich täglich zwei- oder dreimal Gymnastik gemacht, meine Eßgewohnheiten überprüft, und hatte um 3 Prozent abgespeckt. Der Zweck war, mein Traumkleid zu tragen, das ich drei Jahre zuvor gekauft, aber nie getragen hatte. Es klappte!

Meine Tante Bertie konnte sich an den Photos nicht satt sehen. „Dieses Kleid ist traumhaft! Du siehst klasse aus!" rief sie. Zwei Minuten später, sah sie sich die Photos noch einmal an, sah mich an, machte eine Pause und sagte: „Susan, das sieht aber gar nicht wie du aus!"

Naja. Sie meinte es nicht böse. So etwas sagt sie seit neun Jahrzehnten. Kann man eine 83jährige Tante umerziehen? Vielleicht nicht, aber Sam Horn stellt in *Tongue Fu!*

viele Ideen und Strategien vor, um mit „Madigmachern" fertig zu werden.

In den meisten Fällen können wir „Ich"-Botschaften aussenden, damit der Übeltäter unsere Reaktion weiß. Wie wollen wir sonst erreichen, daß sie sich bessern? Eine Empfehlung ist, daß man anstelle des Wortes „aber", das wie eine Kritik klingt, lieber das Wort „und" benutzt: „Das Manuskript war ausgezeichnet und brauchte etwas Nachkorrektur" klingt besser als: „Das Manuskript war ausgezeichnet, bedurfte aber der Nachkorrektur."

Ein Wort der Warnung an alle, die gerne andere „runtermachen", auch wenn es humorvoll geschieht: Sie wissen nicht, ob Sie nicht einmal auf jemanden stoßen, der darin besser ist als Sie. Eine gepfefferte Rückhand könnte Sie rasch bekehren!

Konversation baut nicht auf Erniedrigung. Andere niedermachen hat nichts mit Konversation zu tun.

Schluß mit dem Nörgeln

Manche Menschen beklagen sich ständig, und das ist ihr einziger Gesprächsbeitrag. Wir kennen sie alle.

- „Die Bedienung war mies."
- „Das Auto ist eine Montagsserie."
- „Der Fahrstuhl ist zu langsam (zu voll, zu schnell)."
- „Das Essen war fade (zu scharf)."

Egal, was man ihnen sagt, um sie zu besänftigen, Nörgeln ist ihr Hauptpläsir. Wir alle haben Geschichten parat, wo etwas nicht so war, wie wir uns das gewünscht hätten. Es ist nicht so, daß man nie Probleme erwähnen sollte, aber wir sollten unsere Beschwerden in Grenzen halten und Neugier, Komplimente, Information und Humor hinzufügen.

Details auf dem 0,01-Prozent-Niveau

Konversation kann leicht öde werden, wenn Einzelheiten nichts Wesentliches zum Thema oder zur Pointe beitragen. Mit einem Wort: Langweiligkeiten.

Niemand ist so wichtig, daß er sich in Geschäftsangelegenheiten nicht um Details kümmern müßte: Gesprächstermine, Namen von Geschäftskollegen, das Kleingedruckte bei einem Vertrag, Leistungsbewertungen und Abgabetermine. Aber in einer Geschichte können zu viele Details zum Overkill führen.

Es ist interessant und informativ, wenn man bei einem Treffen des Berufsverbandes nach dem Essen die Runde macht und von jedem einen zweiminütigen Werdegang bekommt, aber der Bursche, der eine halbe Stunde braucht, um uns die Aufgaben herzusagen, die er seit seinem 15. Lebensjahr bei seinen verschiedenen Jobs hatte, bringt die ganze Mannschaft zum Eindösen. Wir müssen vielleicht wissen, ob die Bauarbeiten nach Plan vorankommen, aber wir brauchen keine Mitschrift von jedem Gespräch mit dem Bauunternehmer.

Wir müssen sicher sein, daß unsere Geschichten und Kommentare nur solche Details enthalten, die relevant oder interessant sind oder eine Pointe haben – es sei denn, wir haben einen Freund, der ebenfalls Details mag. Auch hier ist es eine Frage des Fingerspitzengefühls. Ich erinnere mich daran, wenn ich nach der Arbeit nach Hause kam und mit meinem Ex-Mann Griggs über meinen Tag sprechen wollte, daß er stets sagte: „Komm zur Sache. Worum ging es insgesamt?“

Nach zu vielen solchen Malen war meine Standardantwort dann: „Dann rufe ich eben Syl (Sylvia Cherezian) an. Sie hört den Details zu – der ganzen Geschichte – und kann mich anhalten und zurechtrücken, wenn was nicht stimmt.“

Geschlechtsspezifische Nachfragen haben ergeben, daß Frauen mehr Details mitteilen und ihnen zuhören als Männer. Deborah Tannen bemerkt in *Job-Talk*, das sei eine Verallgemeinerung. Manche Männer haben Sinn für Details, manche Frauen nicht.

Wenn wir nicht aufpassen, *können Einzelheiten Unterhaltungen aufreiben.*

Ende gut – aber lieber mein eigenes

Konversation hat nichts damit zu tun, daß man die Sätze anderer zu Ende führt. Ich erinnere mich an ein bestimmtes „Gespräch", bei dem ein Bekannter ständig meine Sätze zu Ende führte, anstatt eigene zu formulieren. Es war wie der Chor im griechischen Drama – und es lag sicher nicht daran, daß ich zu langsam sprach. Manche mögen denken, daß derlei „Mitschwingen" ein Beweis für aufmerksames Zuhören und Zustimmung ist.

Ich meine jedoch, daß Kommunikation nichts mit Job-Sharing zu tun hat. Wir müssen alle unsere eigenen Sätze zustande bringen.

Da ich von Natur aus begeisterungsfähig bin, habe ich selbst den Ruf erworben, gern mit einem positiven Ausruf „dazwischenzufunken" Bei einem Gespräch mit einer Kollegin mußte diese kürzlich sagen: „Susan, wart' ab und laß mich ausreden." Aber klar doch! Und ich werde daran arbeiten, diese Manie in den Griff zu bekommen.

Vorsicht: Ab einem bestimmten Alter vergessen manche von uns bestimmte Wörter oder verheddern sich in ihren Gedanken. So sagte mir meine Freundin Lana: „Seitdem ich 50 geworden bin, habe ich alle meine Hauptwörter vergessen." Wenn Sie zu dieser Einsicht kommen, dann sollten Sie sich einen Stoß geben. Es zeigt, daß Sie zuhören, und wir lieben alle, die zuhören.

Der einsilbige Konversationskiller

Gary Cooper ist tot! „Ja“ und „Nein“ machen noch keine Konversation! Selbst wenn uns jemand eine Ja/Nein-Frage stellt, weil er nicht gelernt hat, eine offene Frage zu formulieren, sind einsilbige Antworten das Ende des Gesprächs.

Es ist schwierig, sich mit jemandem zu unterhalten, der kaum antwortet; also macht man um den Betreffenden einen Bogen. Einsilbigkeit wirkt vielleicht als Technik, damit der andere das Gespräch abbricht, aber es kann einen denkbar schlechten Eindruck hinterlassen.

Eintönigkeit ist der Einsilbigkeit verwandt und kann ebenfalls eine Konversation abwürgen. Eintönigkeit in Stimmlage, Sprechtempo und Lautstärke hat den Vorteil, daß man sie als Schlafmittel anwenden kann oder dazu, dem anderen zu verstehen zu geben, daß man das Gespräch beenden möchte. Wenn wir aber das Interesse unserer Partner wachhalten wollen, müssen wir Stimmlage, Sprechtempo, Lautstärke und Ton variieren.

Cool, clever & Co. – keine erste Adresse

Sarkasmus ist vielleicht angebracht, wenn man ihn mit etwas Humor würzt, aber roh ist er unbekömmlich und wird uns keine Freude bereiten oder uns gar beruflich voranbringen.

Sarkastische Gespräche verwirren leicht und sind nicht sonderlich erbaulich. Sie haben immer etwas an Schärfe, und der Zuhörer ist sich nie ganz sicher, ob sich die Schärfe ihn als nächste Zielscheibe heraussucht. Die Zuhörer können Freunde sein, Familienmitglieder, Chefs, Angestellte oder Kollegen – und es macht nicht viel Sinn, sich diesen Menschen zu entfremden.

Sarkasmus war vielleicht cool und clever an der Uni, aber sobald wir ins Berufsleben überwechseln, ist einfach das Risiko zu groß – zudem macht man damit eine Konversation kaputt.

Es ist eine gute Investition von Zeit und Energie, seine eigenen Marotten und seinen Stil zu prüfen, um sicher zu gehen, „patzerfrei“ mit anderen zu kommunizieren.

Erinnern wir uns

Konversation hat nichts zu tun mit:

- Wettbewerb ... bezüglich Geld, Abschlüssen, Haus, Auto, Wissen, Diplomen oder sonst etwas
- Angeberei
- Lügengeschichten
- Auftrumpfen
- Snobismus
- verhören oder ausfragen
- debattieren
- Selbstgespräche führen
- Verkaufsgesprächen
- Witzereißerei
- unerbetenen Ratschlägen
- „Runtermachen“
- nörgeln
- Vor-den-Kopf-Stoßen
- Einsilbigkeit
- langatmigen Antworten
- Sarkasmus

Wenn wir unser Unterhaltungsgeschick prüfen, diese Fauxpas vermeiden und Methoden entwickeln, um mit denen zurechtzukommen, die sie begehen, sind wir auf dem besten Weg, Gesprächsprofis zu werden.

12 Wie man mit Konversationsrabauken umgeht: Beenden oder wenden

Bevor man herausfindet, *wie* man mit einem Konversationsrabauken spricht, muß man entscheiden, *ob* man das überhaupt tun muß – und *warum*.

Dieses Kapitel handelt davon, wie man diese Wahl trifft und was man tut, wenn man dableiben *muß*.

Beenden

Eine Unterhaltung abzubrechen ist immer meine Alternative. Die meisten, die ich befragt habe, sagten, daß sie sich von einem Prahler, Angeber oder Übertrumpfer schlicht verabschieden und weitergehen – es sei denn, sie hatten einen guten Grund, das nicht zu tun.

Seien wir ehrlich. Wenn jemand ein Gespräch auf die unliebsame, herabwürdigende Art führt, wie ich sie im vorhergehenden Kapitel beschrieben habe, dann gibt es keinen besonderen Grund, mit dem Betreffenden zu sprechen. Es ist sinnvoll, das Gespräch zu beenden.

Wir müssen uns fragen: „Ist meine Zeit in diesem Gespräch gut genutzt?" Wenn die Antwort „Nein" ist, sollten wir logisch sein und uns freundlich verabschieden. Das Leben ist zu kurz, um es unnütz zu vergeuden.

Bei einer Party oder einer Zusammenkunft können wir schlicht und höflich sagen: „Ich wünsche Ihnen noch einen schönen Abend." Und dann wechseln wir zu einem anderen Gast oder einer Gruppe über. So können wir uns auf die Leute konzentrieren, mit denen wir unsere Zeit wirklich gerne verbringen ... oder mit denen, mit denen wir unsere Zeit verbringen *müssen*.

Behalten Sie das Beenden als eine Zeit und Ärger ersparende Alternative im Auge. Wenn wir uns in einer solchen Situation nicht loseisen, sind nur wir selbst zu tadeln.

Wenden

Es gibt ein paar Leute, mit denen man sich unterhalten muß, egal, wie sehr sie versuchen, das Gespräch kaputtzumachen. Das können Vorgesetzte sein, Vorstandsmitglieder oder Klienten, Verwandte, Angestellte oder Mitarbeiter. Wir haben alle schon mit solchen Menschen Umgang gehabt – bei der Arbeit, bei Veranstaltungen und in Ausschüssen. Manchmal leben wir sogar mit ihnen zusammen!

Diese Leute sind ein Teil des Lebens, aber wir können es lernen, Unterhaltungen so schnell zu flicken, wie sie versuchen, sie zu zerreißen. Viele diese Konversationsrabauken können gar nicht anders und sind sich noch nicht einmal der fatalen Mängel dessen bewußt, was sie von sich geben. Sie stören das Miteinander nicht absichtlich, aber Absicht ist hier leider nicht das Thema.

Unsere Aufgabe ist es, vorbereitet zu sein, damit wir nicht sprachlos dastehen, sondern den Austausch retten und wieder ins rechte Gleis bringen können. Es macht keinen Spaß, wenn man innerlich kocht und einem dann, zwei Stunden später, die perfekte Antwort einfällt.

Erfolgreiche Gesprächsprofis sind auf alles vorbereitet, sogar auf Konversationsrabauken.

Nicht nur Ohrfeigen tun weh

Daß Ohrfeigen weh tun, weiß jedes Kind. Und auch Erwachsene erinnern sich daran. Aber auch Schmähungen und Beleidigungen tun weh. Man spricht nicht umsonst von bissigen Bemerkungen oder schneidendem Hohn.

Der fünfjährige Shayne Skov erzählte mir während seines Besuches bei Großmutter Susan, daß er seine neue Kinderschule nicht mochte, weil „die Jungen so gemein waren.“ Seine Mutter Terri war klug genug, seine Gefühle ernst zu nehmen, und sagte ihm, daß Schimpfworte zwar tatsächlich wehtun, diese Jungen aber „es gar nicht wert sind, daß man darauf achtet, was sie sagen.“

Geschlechtsabhängige Kommunikationsforschung sagt, daß dieses „Ritual des männlichen Aufziehens“ bereits sehr früh im Leben beginnt. Mit 5 ist Shayne zwar noch nicht an Forschung interessiert, aber sie darf an dieser Stelle erwähnt werden, denn ein Teil des Konversations-Rabaukentums geht auf dieses rituelle Aufziehen unter Jungen zurück. Wenn wir uns dessen bewußt sind und uns entschließen, darüber hinwegzusehen, so kann das Muster gebrochen werden, und wir können es schaffen, daß uns das ganze verbale Beißen, Schneiden und Ohrfeigen weder privat noch beruflich etwas ausmacht.

Als Lehrerin habe ich viel Grausames gesehen und gehört – im Lehrerzimmer wie im Schulhof. Den Erwachsenen ließ man es durchgehen, weil ihre Späße und ihr Klatsch subtiler und hinterhältiger waren, aber unser Schulleiter Duncan Hood bat mich, vor jeder Klasse zu sprechen, weil die Kinder, die hören konnten, die Schwerhörigen beschimpften. Er dachte, die 10- bis 12jährigen seien reif genug, um einzusehen, wie verletzend und unpassend ihre Worte den anderen Kindern gegenüber waren.

Wenn diese Kinder das verstehen konnten, so auch wir – und jene um uns, denen es Spaß macht zu verletzen.

Grenzen setzen und klarmachen

Griggs RoAne, mein Ex-Mann, sagte immer: „Die Leute nehmen sich nur das heraus, was man sie sich nehmen läßt." Und das ist absolut richtig. Die anderen können unsere Grenzen nicht respektieren, wenn wir ihnen nicht genau zeigen, wo sie verlaufen. Wenn wir nicht gewillt sind, ein bestimmtes Benehmen oder eine bestimmte Art der Unterhaltung hinzunehmen, dann dürfen wir den anderen nicht im unklaren lassen, was akzeptierbar ist und was nicht. Grenzen abstecken ist nicht nur unser Recht, es ist unsere Pflicht.

Unser Schweigen gibt den Konversationsrabauken insgeheim die Erlaubnis, weiterhin Gefühle und Selbstwertgefühl zu verletzen und sogar Karrieren zu beeinträchtigen. Wenn wir Menschen, die sich so daneben benehmen, nicht darauf aufmerksam machen, werden sie meinen, das sei in Ordnung. Warum sollten sie also ihr Verhalten ändern?

Wir müssen selbst herausfinden, wo unsere Grenzen liegen, und sie dann deutlich abstecken. Und vergessen Sie nicht, wenn Sie dem Rabauken antworten, daß Sie dabei nicht lächeln dürfen. Die Psychologin Dr. Geraldine Albert sagt, daß ein Lächeln den Empfänger verwirrt und die Botschaft verwässert, weil etwas Gewichtiges leicht hingesagt erscheint und man so die Botschaft untergräbt. Wenn wir Rabauken im Hinblick darauf „umschulen", wie sie mit uns sprechen, kommunizieren und uns antworten, ist es wichtig, klare Signale zu geben.

Wir alle müssen uns gegen Konversationsrabauken wehren können. Es ist nützlich, sich mit verschiedenen Bemerkungen zu rüsten, die wir bei Bedarf einsetzen können.

Drei Dinge sind zum Umgang mit Rabauken notwendig: Bemerkungen, Erwiderungen und Zurechtweisungen. Wir müssen von allen dreien etwas in unserem Repertoire haben und genau wissen, wann es zum Einsatz kommen muß.

Königlich abgeblitzt

Vergessen Sie nicht: „Der Ton macht die Musik." Deshalb müssen wir auch so vorsichtig mit geschriebenen Mitteilungen sein, besonders, wenn wir „zurückschießen". Das geschriebene Wort kann schwierig zu interpretieren sein, weil man unser Lächeln, die Kopfbewegung und den Gesichtsausdruck nicht sehen oder den Klang unserer Stimme nicht hören kann.

Im Jahr 1995 machte Prinzessin Diana mit ihren Söhnen auf dem Weg nach Vail in San Francisco Zwischenlandung.

Als ein Passagier sie beiläufig fragte, wo es denn hingehe, antwortete sie: „Das würden Sie gerne wissen, nicht?" Dann lächelte sie und zog die Augenbrauen in verschwörerischer Weise hoch. Ihr Ton war so freundlich, daß eine Stewardeß, die zufällig Zeuge des Gesprächs wurde, es als eine kluge, witzige Bemerkung interpretierte – kein bißchen Schärfe oder sarkastische Abfuhr.

Unser Ton und Benehmen kann oft ausschlaggebend dafür sein, wie unsere Bemerkungen, Erwiderungen und Zurechtweisungen aufgenommen werden. Nehmen Sie das Wort „wirklich".

- Sagen Sie es als Frage: „*Wirklich?*"
- Als Adverb: „Wirklich *kompliziert!*" oder „*Wirklich* kompliziert!"
- Als Ausruf: „Also *wirklich!*"

Dasselbe Wort klingt verschieden und hat eine große Bedeutungsbandbreite, je nachdem, wie wir es anwenden. So kann jede der folgenden Bemerkungen verschiedene Reaktionen hervorrufen.

- „Ich das nicht großartig?"
- „Also ehrlich!"

- „Kaum zu glauben!“
- „Sie Glückspilz!“
- „Echt eindrucksvoll!“
- „Tolle Idee!“
- „Interessant.“
- „Wie kommen Sie darauf?“
- „Danke für die Nachricht!“

Die letzte beispielsweise kann tatsächlich ein Dank für eine bedeutsame Information sein; mit einem anderen Ton drückt sie den „Dank“ für eine nicht sehr erfreuliche Nachricht aus. Ich habe es so und so benutzt.

Hier sind einige Bemerkungen, Antworten und Zurechtweisungen, die vielleicht angebracht sind, wenn jemand ein verbaler Vampir ist – je nach Situation und nach dem, was auf dem Spiel steht.

- „Was bringt Sie dazu, so etwas zu sagen?“
- „Was meinen Sie damit?“
- „Das wollte ich gar nicht wissen.“
- „Ich bin erstaunt (enttäuscht, unangenehm berührt), daß Sie so etwas sagen.“

Wir sollten vier oder fünf Standardbemerkungen parat haben, um einen Konversationsrabauken gegebenenfalls in die Schranken zu verweisen.

Würde unter Beschuß

In manchen Situationen müssen wir über Kritik erhaben sein, anstatt den Fehdehandschuh aufzuheben. Mit ein paar direkten, gutgewählten Worten können wir unsere Gefühle mitteilen, ohne uns jedoch auf die Rabauken-Ebene hinabzubegeben.

Der Kundendienstmanager Chris Leech brachte seine Reaktion auf die unablässigen negativen Kommentare seines Bruders in solch liebevoller Weise zum Ausdruck, daß sein Bruder diese Kritik sicher verstehen und akzeptieren konnte. Er sagte: „Ich weiß nicht, warum du solche negativen Bemerkungen machst. Sie tun mir weh. Du bist mein Vorbild, und ich schaue zu dir auf. Wenn du mich kritisierst, dann denke ich schlecht von mir. Es schmerzt und ist kein Verhalten, das ich bewundere."

Taktlose Tomate

Als ich verheiratet war, wurde ich oft gefragt, warum wir keine Kinder haben. Nach einem Vortrag in Las Vegas saß ich bei zwei Zuhörern aus England, die noch nie eine Frau als Rednerin erlebt hatten. Beim Essen dann fragte mich einer der Gentlemen, ob ich verheiratet sei. Ich bejahte, und er fragte mich nach meinen Kindern. Als ich antwortete, ich hätte keine, fühlte er sich bemüßigt zu fragen, warum – in einem so feindseligen Ton, daß ich fast einen Salto rückwärts machte. Da kam mir – Wunder über Wunder – eine Antwort, für die ich normalerweise zwei bis drei Stunden gebraucht hätte. Ich erwiderte mit leisem, bedächtigen Ton und ohne zu lächeln: „Nicht jeder Frau wird diese Gnade zuteil."

Er ließ das Thema rasch fallen, denn er wollte keine schmerzlichen Berichte persönlicher Art hören – und wir gingen zu einer unbeschwerten Guppenunterhaltung über, die angemessen und erbaulich war.

Während einer meiner Präsentationen schlug jemand unter den Zuhörern als Antwort auf solche schmerzenden, bissigen Bemerkungen vor, mit einem Ausdruck des Schmerzes „Aua" zu sagen. Was das bedeutet, wissen wir alle, ohne uns auf einen feindseligen Schlagabtausch einzulassen. Es bringt die Botschaft hinüber, daß stachelige Kommentare nicht willkommen sind, und meistens begreift der andere.

Barbara Nivala, Geschäftsführerin der National Speakers Association, ist ein Beispiel für Liebenswürdigkeit auch unter Beschuß. Sie begleitete mich einmal zu einem Vortrag, den ich im Auftrag eines größeren Autohändlers vor einem Publikum von ortsansässigen Geschäftsleuten halten sollte. Als wir eintrafen, stellte ich mich und Barbara dem Inhaber dieser prächtigen Niederlassung vor. Er wandte sich mir zu und sagte, anstatt mich zu begrüßen oder mich willkommen zu heißen: „Haben Sie die Tomaten mitgebracht?"

Ich hatte keine Ahnung, wovon er redete; außerdem hatte er einen starken Dialekt. Er fragte mich erneut, wandte sich dann zu Barbara und fragte diese: „Haben Sie Tomaten mitgebracht?"

Schließlich gestand ich, daß ich seine Frage nicht verstanden hatte. Er zuckte mit den Schultern, lächelte etwas verlegen, zeigte auf mich und sagte zu Barbara: „Tomaten zum *Werfen* – auf sie!"

Es gibt keine Erklärung für schlechten Geschmack oder Humor und mangelndes Urteilsvermögen. In diesem Fall saß ich in der Zwickmühle, denn er war nicht nur mein Kunde, sondern auch der Kunde der Autofirma und der Redneragentur, die mich unter Vertrag hatte. Barbara bewältigte die Situation mit großer Gelassenheit und Charme, indem sie schlicht antwortete: „Nein, so etwas tun wir nicht."

Manchmal ist Schweigen die freundlichste Antwort. Gertie Gurd ist die frühere Privatsekretärin eines Schulrats und leistet immer noch Freiwilligendienste in ihrem örtlichen Krankenhaus. Sie ist schon einige Jährchen auf dieser Erde und überzeugt, daß „manchmal das unausgesprochene Wort das beste ist, das man sagen kann." Der Rat meiner Freundin Lana Teplick ist noch kürzer: „Was soll's?"

Wer die Zähne zeigt, muß den Mund aufmachen

Wir können bei Konversationsrabauken in den meisten geschäftlichen Situationen das Weite suchen. Aber es gibt auch Zeiten, wo wir Rückgrat zeigen müssen, gerade im Umgang mit Vorgesetzten. Wie die Schüler früher in meinen Klassen, treiben uns manche Erwachsene in die Enge, um zu sehen, wie weit sie gehen können. Sie wollen unsere Grenzen sehen. Über Türvorleger geht man hinweg.

Jills Chef brüllte, schimpfte und rastete aus. Er erzeugte ein ungesundes Klima, auf das jeder im Büro auf seine Art reagierte. Manche ignorierten ihn einfach. Andere ließen sich einschüchtern. Jill wartete, bis der Ausbruch vorüber war, ging dann in Herrn Brüllaffes Büro und sagte ihm, daß sie seinen Ärger verstand, aber sein Gebrüll nicht mochte und sie es schätzen würde, wenn er sie in höflicher Weise auf ihren Fehler hinwies. Zu ihrem Erstaunen hörte er ihr zu und hat wenigstens ihr gegenüber versucht, sein Gebrüll zu mäßigen.

In diesem Vorgehen steckt ein Risiko. Der Chef kann sich bedroht fühlen, ärgerlich werden, Ihnen das Leben zur Hölle machen und Sie sogar auf die Straße setzen – aber die zunehmenden Prozesse gegen Arbeitgeber und Gewalt am Arbeitsplatz können heutzutage eher ein Einlenken bewirken.

Das Gesicht wahren

Dem anderen zu erlauben, das Gesicht zu wahren, ist eine kluge Taktik. Die besten Unterhändler wissen, daß das ausschlaggebend für den Erfolg ist – und bisweilen ist es sogar für unsere Stelle besonders wichtig. Formeln zum Wahren des Gesichts sind:

- „So kann man es auch sehen."
- „Das könnte man auch anders sehen."
- „Das funktioniert bei mir nicht, aber es könnte anderen helfen."

Was du nicht willst, das man dir tu' …

Für manch einen ist es unwiderstehlich, abschätzig über Mitglieder anderer Gruppe zu sprechen oder sich über sie lustig zu machen – oder schlüpfrige Witze zu machen –, um clever zu erscheinen und die eigene Unsicherheit zu verbergen.

Ich bin immer wieder erstaunt, wenn jemand so einige der Grundregeln des Lebens vergißt, denn man weiß ja auch nicht, wer zuhört.

Lebens- und Gesprächsregeln

- Erst denken, dann sprechen.
- Wenn du nichts Nettes zu sagen hast, sag gar nichts.
- Was du nicht willst, das man dir tu', das füg' auch keinem andern zu bzw. behandle andere so wie du behandelt werden möchtest.

Es gibt verschiedene Weisen, auf die man mit jemandem, der sich über andere abschätzig äußert, fertig wird:

- *Nichts sagen*, anstarren, die Augenbrauen heben oder mit den Augen rollen.
- *Eine rhetorische Frage stellen* wie: „Warum sagen Sie so etwas?"
- *Ihre Einstellung mitteilen*: „Ich habe noch nie Humor auf Kosten anderer etwas abgewinnen können."

Es kann brenzlig werden, wenn der Gruppengeist plötzlich ins Lüsterne, Aggressive oder sonstwie Unpassende umschlägt. Wir alle wollen Teil der Gruppe sein, und ein eindringlicher Blick oder eine Grimasse muß nicht immer ausreichen, um eine Entgleisung zu beheben. Manche Frauen berichteten, daß Männer zweideutigen Humor mit der Absicht auftischen, sie zu „testen", in Verlegenheit zu bringen oder fortzuekeln – aber viele Männer sagten, daß sie sich von schlüpfrigen Witzen und Stories ebenfalls beleidigt fühlten. Wie gesagt: Man kann nie wissen!

Eine direkte Antwort ist in solch einer Situation meistens das Beste:

- „Das höre ich nicht gern."
- „Finde ich gar nicht lustig"
- „Das ist nicht ganz so mein Geschmack."
- „Das finde ich ehrlich unpassend."
- Oder schlicht und einfach: „Pfui!"

Schmutzige Worte kommen in dieselbe Kategorie wie „Runtermachen" in der Gruppe oder schlüpfrige Witze. Manche Menschen finden sie grob und beleidigend, und sie haben leicht unangenehme berufliche oder private Auswirkungen.

Eine meiner Bekannten, eine charmante Gesprächspartnerin, benutzt manchmal etwas „gesalzene" Ausdrücke. Während sie sich einmal mit einem ehemaligen Klienten unterhielt, der wohl in dieser Hinsicht eine „salzarme" Kost bevorzugte, schlüpfte ihr ein nicht ganz salonfähiges Wort heraus.

„Da war Totenstille. Ich fragte ihn, ob er sich nicht wohlfühle. Er antwortete, er habe den Ausdruck schon gehört, aber nicht von einer Frau. Das machte mich hellhörig." Sie entschuldigte sich und beschloß, mit ihren Bemerkungen künftig etwas vorsichtiger zu sein. Man muß es ihr hoch anrechnen, daß sie das Unbehagen wahrnahm, sich entschuldigte und sich selbst korrigierte.

Wie können Sie es wagen zu sprechen, während ich unterbreche?

Manchmal muß man Konversationsrabauken stoppen, bevor sie ein zweites Mal zuschlagen. Das ist der Fall, wenn sie uns während einer wichtigen Präsentation unterbrechen. Unhöflich sein ist eine Sache, jemandes Karriere gefährden ist eine andere.

Ich spreche nicht von solchen, die „Toll!“, „Großartig!“, „Klasse!“ dazwischenwerfen, und die man nicht wirklich als Unterbrecher ansehen darf. Das sind nur momentane Einwürfe, die unsere Präsentation akzentuieren, aber nicht beeinträchtigen. Gestoppt werden müssen diejenigen, die unterbrechen, ihren Senf dazugeben und einfach vom Thema ablenken.

Bei Meetings können wir mit dieser Art von Rabauken fertig werden, indem wir klipp und klar sagen: „Ich schätze Ihre Meinung, aber ich möchte meine Darstellung zu Ende führen. Dann können Sie weitermachen.“ Einige weitere Vorschläge:

- „Darf ich jetzt fortfahren?“
- „Ich bin nicht ganz fertig.“
- „Lassen Sie mich meinen Gedanken zu Ende führen, dann überlasse ich Ihnen das Feld.“

Das erfordert einiges an Mut und Praxis, aber es gehört zur verbalen Selbstverteidigung, die zum Erfolg unserer Karriere beiträgt. Wir müssen eine geplante, geübte Bemerkung für diese unerquicklichen Momente parat haben. Wenn wir zulassen, daß man uns unterbricht, so werden andere in Positionen, wo sie uns empfehlen oder fördern können, meinen, wir seien ein Kartenhaus, das sich einfach umpusten läßt.

Statistisch ist erwiesen, daß Männer öfter unterbrechen als Frauen – aber manche Frauen unterbrechen eben doch, und manche Männer nicht.

Eine der Schwierigkeiten im Umgang mit Sarkastikern ist, daß sie sich oft für besonders clever halten. Sogar diejenigen, die an Sarkasmus Spaß haben, sind verständlicherweise auf der Hut vor jemandem, der ein verbales Messer in der Hand hält. Diese Form der Kommunikation ist selten Ausdruck von Freude oder positiver Lebenseinstellung.

Die beste Art, mit sarkastischen oder bissigen Gesprächspartnern fertig zu werden, ist die, daß man geradeheraus sagt:·

- „Mir ist nicht klar, was Sie wirklich sagen wollen."
- „Es wäre leichter für mich, wenn Sie einfach sagen würden, was Sie wirklich wollen."
- „Was wollen Sie genau sagen?"

Schlechte Gewohnheiten sind schwer auszurotten, und der sarkastische Sargnagel hängt vielleicht gleich noch eine bissige Bemerkung dran, sobald Sie den Mund zumachen. Wenn es kein Anzeichen dafür gibt, daß ein vernünftiges Gespräch gewünscht wird, ist es Zeit, sich zu verabschieden. Es ist nicht die Zeit und Energie wert dazubleiben. Müssen Sie jedoch mit dem Betreffenden sprechen, gehen Sie einfach über den Sarkasmus hinweg und führen Sie das Gespräch zu dem von Ihnen anvisierten Ende. Oder Sie sagen: „*Könnten Sie das noch einmal so formulieren, daß ich genau weiß, was Sie meinen?*"

Fragwürdige Fragen

Einige Themen sind in der Öffentlichkeit gelegentlich tabu, andere sind es immer. Wir brauchen Geschick, um in solchen Situationen das Gespräch elegant auf ein anderes Thema zu lenken.

Der Stürmer: „Wie hoch waren Ihre Provisionen im letzten Quartal?"
Der Verteidiger: „Ungefähr so, was ich erhofft hatte."

Auf den Versuch, ihm Betriebsgeheimnisse zu entlocken, antwortet ein Kollege: „Das ist Geheimsache." Dann können wir entweder eine etwas leichter beantwortbare Gegensalve abfeuern: „Was tut Ihre Firma, um die Motivation zu steigern?" Oder wir können das Thema wechseln: „Übrigens, ich habe gelesen, daß es da morgen einen Marathonlauf gibt (ein Tennisturnier, Jazzkonzert oder einen neuen Mittelstürmer beim F.C. Irgendwo)." Nehmen Sie Themen wie das Wetter, die Nachrichten, Sport, Filme, Börsenkurse, aggressiven Kundendienst – was auch immer. Sie kriegen es schon raus.

Oder Sie versuchen es mit der altbewährten Methode: Ade und weiter.

Wie man Lügen Beine macht

Menschen, die Unwahrheiten von sich geben, lügen nicht immer bewußt. Manchmal nehmen wir Ereignisse anders wahr oder erinnern uns daran in anderer Weise, weil wir ja alle unsere jeweiligen Filter haben, wie das so herrlich in dem Dialog von Maurice Chevalier und Hermione Gingold in *Gigi* gezeigt wird:

„Wir aßen um neun."
„Nein, es war um acht."
„Ich war pünktlich."
„Nein, du kamst zu spät."
„Ach ja ... Ich erinnere mich gut daran."

Und oft tun wir das eben nicht. Aber Menschen, die absichtlich lügen, sind ein Problem. Was tun, wenn wir uns in einem Tête-à-tête befinden, in einer Gruppe oder bei einem Meeting, und einen Kollegen, Mitarbeiter oder Verwandten etwas sagen hören, das nichts mit den Tatsachen zu tun hat, wie wir sie kennen?

Ist Schweigen die beste Strategie? Vielleicht. Hier ist wieder unser Urteilsvermögen gefragt. Die beste Stimme, auf die wir hier hören, ist die innere; sie gibt uns den richtigen Rat.

Eine andere Strategie ist die, alternative „Wahrheiten" in den Raum zu stellen, ohne daß der Betreffende das Gesicht verliert. Wir könnten es mit folgendem versuchen:

- „Ich habe das anders in Erinnerung."
- „Wenn ich mich richtig erinnere, ..."

Und dann tun wir gegebenenfalls unsere Version kund. Wie auch sonst wirken „Ich"-Aussagen am besten. Sie bewahren uns davor, etwas zu sagen, was klingen könnte wie: „Sie lügen."

Es ist immer gut, wenn man Meetings, die zu Verträgen oder Abmachungen führen, in einem Brief oder einer Gesprächsnotiz zusammenfaßt. Das schafft Klarheit und Einvernehmen. So finden wir uns alle auf derselben Seite wieder, trotz aller Filter und unterschiedlichen Wahrnehmungen, was auch dem Verständnis dient. Das ist die Extrainvestition an Zeit wohl wert, wenn wir Fehlkommunikation vermeiden wollen.

Paul Elkmann, der Autor von *Telling Lies*, ist Professor für Psychologie an der University of California in San Francisco; sein Spezialgebiet ist die Lügenforschung. Um einen Lügner zu ertappen, so sagt er, sollten wir lernen, kleinste Ausdrucksnuancen und minimale Gesten zu interpretieren, wie auch Diskrepanzen zwischen Worten und Emotionen. „Sie müssen (ebenfalls) den Faktor veranschlagen, wie sehr Sie selbst glauben möchten, was Sie hören!" (San Francisco Chronicle, 8. August 1993)

Wenn wir Lügen hören oder wenn uns unsere innere Stimme sagt, daß etwas nicht stimmt, so ist mein Rat: „Abstand! Menschen, die lügen, glauben oft selbst an ihre Flunkereien, und wir können daran nichts ändern."

Seelentrost – nicht überdosieren

Manche Menschen sind chronisch deprimiert oder neigen zu starken Stimmungsschwankungen, Wutausbrüchen oder anderen anstrengenden Verhaltensweisen. Das ist ein weiterer Fall, wo man nach Möglichkeit auf Abstand bleibt.

> Melancholie ist der Luxus der Jugend.
> (Unbekannt)

Wir alle haben unsere Hochs und Tiefs, einen Tag mit gleich mehreren Haaren in der Suppe oder einer Enttäuschung. Wer aber einfach nicht hochkommt oder sich durchhängen läßt oder bei Freunden oder Mitarbeitern herumquengelt, braucht vielleicht einen bezahlten professionellen Freund. Jemandem freundlich unser Ohr zu leihen, mag eine nette, aber ungenügende Geste sein, das auf Dauer zu tun, ist womöglich weder für ihn noch für uns gut.

Wie man mit Nörglern umgeht

Sich beklagen ist ein Leim, der Menschen am Arbeitsplatz verbindet (Tannen, *Job-Talk*), aber es ist eine Art von Verbindung, die wir mit Vorsicht genießen sollten.

Martha Dragovitch, eine Sprachpathologin in Vallejo, Kalifornien, war bei der Jahresabschlußparty ihrer Fakultät. Einer ihrer Kollegen nörgelte und stöhnte, wie es seine Art war, und sie sagte mit einem penetrant ironischen Ton: „Das ist es, was ich an dir so mag. Du bist immer sooo positiv."

Vielleicht hatte er bisher gar nicht bemerkt, wie sich sein ständiges Lamentieren anhörte, aber Marthas Antwort muß für ihn eine Erleuchtung gewesen sein. Denn seit dieser Zeit hält sich Herr Nörgelpeter an das Positive und hat seine Weltanschauung verbessert. Wenn man dem anderen den Spiegel vorhält, kann das tolle Ergebnisse haben, besonders, wenn jemand sich seines Verhaltens nicht bewußt ist.

Wir alle kommen mit negativ eingestellten Menschen in Kontakt – im Büro, in der Stadt, in unserer Familie. Jeder hat etwas „Dunkelheit" in sich, aber wir sollten uns vor Menschen hüten, die so froh sind, elend zu sein, daß sie uns alle damit beglücken wollen. Wir helfen ihnen und uns nicht, wenn wir „uns damit abfinden". Eine Bemerkung wie die von Martha oder auch etwas Unverblümteres kann Wunder wirken.

Die andere Seite der Geschichte ist, daß auch wir nicht nörgeln. Negativ eingestellte Menschen kommen meist als Manager oder Teammitglieder nicht sonderlich voran, weil sie Schwierigkeiten haben, andere zu inspirieren und zu motivieren.

Der nächste Verwandte des Nörglers ist der chronische Kritiker. Nichts kann ihn zufriedenstellen. Verurteilen ist sein Lebensinhalt, und der chronische Kritiker findet immer etwas zu bemängeln. Als Sherwood Cummins Pfarrer in einer presbyterianischen Gemeinde war, gab es dort einen Kirchenchor. „Was immer ich auch tat – der Chorleiter hatte etwas auszusetzen. Ich wußte, er konnte mich nicht leiden, aber ich versuchte, es ihm rechtzumachen, – ohne Erfolg. Eines Abends kam ein Chormitglied zu mir herüber und sagte: 'Vergeuden Sie nicht Ihre Zeit damit, jemandem gefällig zu sein, der gar nicht will, daß ihm jemand gefällig ist.' Das war der beste Rat, den ich je bekommen habe."

Wie Nörgler sind sich auch Kritiker oft nicht bewußt, daß sie sich negativ verhalten oder andere vor den Kopf stoßen.

Ein Wort kann manche Kritiker oft eines Besseren belehren. Verändert sich ihr Verhalten trotzdem nicht, müssen wir unsere Beziehung zu ihnen überdenken.

Wie man Hamlet das Handwerk legt

Mit Möchtegern-Hamlets, die die Bühne für sich beanspruchen und andere nicht zu Wort kommen lassen, ist ein Gespräch unmöglich. Um beruflich voranzukommen und auch in unserem Privatleben Unterstützung zu bekommen, müssen wir dieses Verhalten ablegen – und lernen, wie man denen Einhalt gebietet, die nicht aufhören wollen.

Die Ansagerin Susan Witkin Tandler hat eine Lösung: „Wenn ich mit so einem Typ zusammenkomme, lächle ich, sage ihm, er soll den Mund halten und daß ich dran bin. Das klappt für gewöhnlich. Wenn nicht, gehe ich einfach weiter."

Wir mögen versucht sein, ein paar weniger ausgesuchte Worte zu sagen als Susan, aber es ist das Beste, wenn man tief Luft holt und bis zehn zählt. Wenn wir uns mit einem Nonstop-Redner unterhalten müssen, sollten wir ihm zu verstehen geben, daß es da ein Problem gibt. Auch hier sind sich viele gar nicht bewußt, daß sie etwas der Konversation – und ihrem eigenen Erfolg – Hinderliches tun.

> Dadurch, daß er böse Worte unausgesprochen herunterschluckte, hat sich noch nie jemand eine Magenverstimmung geholt.
> (Sir Winston Churchill)

Für jeden Konversationsrabauken gibt es eine Konversationskanone. Ich glaube, daß die meisten Menschen unproblematische, selbstsichere, angenehme und interessante Gesprächspartner sein wollen. Wenn wir unsere Fähigkeiten entwickeln, wie wir mit den Elefanten im Porzellanladen umgehen, so werden wir ihnen und uns einen Dienst erweisen. Und wir haben ja immer die Wahl: Wir können die Unterhaltung *wenden* oder sie *beenden* und uns anderen, mehr begegnungsfreudigen, interessanten, schwungvollen Menschen zuwenden, mit denen es sich leicht plaudern läßt.

Erinnern wir uns

- Wenn es keinen Grund gibt, eine schlechte Unterhaltung weiterzuführen, verabschieden Sie sich.
- Setzen Sie Grenzen, und tun Sie das kund; wir zeigen anderen, wie sie uns zu behandeln haben.
- Benutzen Sie „Ich"-Aussagen: „Ich fühle mich (bei diesen gemeinen Ausdrücken, diesem Runtermachen) nicht wohl."
- Haben Sie vier bis fünf Bemerkungen parat, damit Sie nicht überrumpelt werden.
- Schweigen ist bisweilen die beste Antwort.
- Der Ton macht die Musik.
- Unterlassen Sie schmutzige Bemerkungen oder üble Witze – und schreiten Sie ein, wenn es Ihnen zu bunt wird.
- Unterbrechen Sie die Unterbrecher.
- Achten Sie auf Signale, auf Ihre „innere Stimme".

13 Wie man in einer vielfältigen Welt miteinander umgeht

Um in der heutigen Welt voranzukommen, muß es uns leichtfallen, auf die große Vielfalt der Nationalitäten, der Kulturen, Religionen und Rassen einzugehen und zwischen verschiedenen Vorstellungen und Vorlieben, zwischen Geschlechtern, Generationen und Völkern Brücken zu schlagen.

Das tun wir mit unserer Konversation. Je besser wir uns unterhalten, desto leichter ist es, die Gräben zwischen den Kulturen und Nationen zu schließen und die Vielfalt all dessen, was uns umgibt, zu genießen.

Wenn wir gute Manieren zeigen und gute Geschäfte abschließen wollen, müssen wir heute die Fähigkeit entwikkeln, mit neuen Bekanntschaften, Freunden, Kollegen, Klienten, Angestellten und Chefs, die anders sind als wir, gekonnt umzugehen. Haben wir diese Fähigkeit nicht, so gehen uns vielleicht Aufträge, Klienten oder die Unterstützung durch das Personal, eine Beförderung oder eine bereichernde Beziehung verloren.

Vielfalt in Hülle und Fülle

Die Technologie dehnt den globalen Arbeitsplatz aus und macht ihn zu einem Forum der Kulturen. Kontinente verbindende Handelskammern stellen ihren Mitgliedern Ressourcen, Ideen und Netzwerkmöglichkeiten bereit. Viele Großunternehmen haben Mitarbeiternetzwerke zum Austausch von Ressourcen, Ideen, fachlichen Tips und Unterstützung wie auch von firmeninternen Anliegen und Regelungen, die sie betreffen. Es gibt eine Fülle von Berufsverbänden, die

Mitglieder besonderer ethnischer oder geschlechtsspezifischer Zielgruppen betreuen, vom Österreichischen Hebammenverband bis zur amerikanischen Society of Black Meeting Planners.

Technologie macht uns auch zu einer „blinden“ Gesellschaft, da viel von unserer Kommunikation per E-Mail, Anrufbeantworter, Fax oder Telefon vonstatten geht. Die Person am anderen Ende der Leitung ist vielleicht ganz anders als wir, und ist trotzdem ein Kollege, ein potentieller Kunde oder sogar derjenige, der uns unser Gehalt überweist. Es ist wichtiger als je zuvor, daß wir niemanden von oben herab behandeln. Herablassung ist in Ton und Gesichtsausdruck wie auch in unseren Worten sichtbar. Herablassung ist unfreundlich und unklug. Sprechen Sie höflich mit Menschen auf allen Stufen. Wie gesagt – *man kann nie wissen*!

In unserer vielfältigen Welt und Arbeitswelt befürworten manche, daß wir uns auf unsere Gemeinsamkeiten konzentrieren sollten. Andere möchten lieber, daß wir unsere Unterschiede betonen. Wir schmelzen nicht alle im selben Schmelztiegel. Wir haben zwar unsere gemeinsamen Anliegen, aber trotzdem behalten wir unsere jeweiligen Eigenheiten als Schweizer, Deutsche oder Österreicher, Türken oder Mazedonier, Sizilianer oder Norditaliener, orthodoxe oder reformierte Juden, Calvinisten, Lutheraner oder Methodisten oder Mischungen daraus.

Die beste Regel ist die, Gemeinsamkeiten im Auge zu haben und die Unterschiede zu würdigen, denn wir bringen sowohl unsere Ähnlichkeiten als auch unsere Unterschiede mit an den Arbeitsplatz und in die Welt. Bei meiner Umfrage wählte ich mir meine Zielpersonen aus allen ethnischen, rassischen, kulturellen und geographischen Bereichen aus, quer durch alle Altersgruppen, Berufsstände und Ränge. Manche stammten aus der Stadt, andere vom Land. Sehr unterschiedlich, sehr vielfältig, aber alle hatten zu den Gesprächen im Leben etwas beizutragen.

Menschen, die ein Gespräch über kulturelle, religiöse, ethnische und rassische Schranken hinweg führen können, sind, wie John Marks, der Leiter des Messe- und Kongreßbüros in San Francisco, es ausdrückt, „die echten Kommunikatoren, die Erfolg haben."

Ohne Ansehen der Person

Unabhängig von unserer verschiedenen Zugehörigkeit sind wir zunächst alle Menschen, deren Verhalten nicht einfach vorherzusagen ist, weil wir zu einer „identifizierbaren Gruppe" gehören. Wir bringen unser einzigartiges Menschsein an den Arbeitsplatz und zum Buffet der guten Unterhaltung. Wir bringen ebenfalls unterschiedliche Niveaus von Toleranz und Humor mit.

Um diesen Punkt zu veranschaulichen, will ich die Geschichte einer Frau aus Fresno in Kalifornien erzählen, die alleine nach Las Vegas fuhr. Sie gewann einen riesigen Jackpot, traute aber niemandem, so daß ihr keiner beim Zählen des Geldes helfen durfte. Sie nahm deshalb den ganzen Eimer voller Silberdollars auf ihr Zimmer.

Kaum war sie im Fahrstuhl, stiegen drei Farbige dazu. Sie hörte einen von ihnen sagen: „He, 'runter." In Todesangst warf sie sich auf den Boden. Die Silberdollars kullerten in alle Richtungen. Aus ihrer Position mit dem Gesicht auf dem Boden des Fahrstuhls hörte sie lautes, hemmungsloses Lachen. Die Männer kugelten sich vor Lachen, faßten sich aber wieder und halfen ihr auf die Füße. Sie verließ den Fahrstuhl auf ihrer Etage und stürzte über den Flur direkt in ihr Zimmer.

Zwei Stunden später klopfte es an die Tür. Der Portier reichte ihr eine Vase voller Rosen – mit 100-Dollar-Scheinen an jeder Blume. Auf der Karte stand: „Danke für den Spaß. Absolute Spitze. Eddie Murphy."

Die Frau hegte ausgeprägte Vorurteile gegenüber Afroamerikanern – die drei Männer wollten nur nach unten fahren, und sie warf sich zu Boden, weil sie den Zuruf für einen Überfall hielt.

Wir sind uns oft im unklaren, wie wir mit Menschen mit anderen Hintergründen kommunizieren sollen. Sharon Gangitano hat die verschiedenen kulturellen Gruppierungen in den USA aus anthropologischer, soziologischer und sprachlicher Sicht untersucht. Ihr Rat als der einer Afroamerikanerin zum beruflichen und privaten Umgang mit Menschen verschiedener Herkunft ist folgender: „*Sprich mit denen, die anders sind als du, so wie mit denen, die wie du sind.*“ Sie empfiehlt auch, daß wir eine bewußte Anstrengung machen, andere nicht in eine Schublade zu tun oder sie über einen Kamm zu scheren.

Ein Wort für offene Ohren

Wie wir mit jenen umgehen, sprechen und fertig werden, die anders sind als wir, ist ein Maß für unser Geschick, unsere Werte und Anpassungsfähigkeit.

Nach einem Vortrag, den ich bei einem Lunch im Rahmen eines Kongresses hielt, kam Patricia zu einem Geplauder zu mir herüber. Sie war charmant, klug und lustig und hatte eine wichtige Position im Kundendienst eines Reiseunternehmens. Und – sie saß in einem Rollstuhl. Sie fragte mich: „Susan, würden Sie bitte das Thema der Kommunikation mit denen, die anders sind, anschneiden? So lange wir hier am Tisch sitzen, ist alles in Ordnung und ich gehöre zur Gesellschaft. Aber kaum ist das Essen vorbei, und ich setze meinen Rollstuhl in Bewegung, bricht das Gespräch abrupt ab. Ich sitze seit 25 Jahren in diesem Stuhl, und ich fühle mich darin recht wohl. Ich bin sicher auch ein guter Gesprächspartner! Sagen sie den anderen, daß sie auch mit mir gute Geschäfte machen oder sich unterhalten können – egal, was für einen Stuhl ich benutze."

Ich versprach Patricia, das zu tun und habe in diesem Kapitel so mein Versprechen gehalten.

Stoff für die Kommunikation des Herzens

Wenden Sie nicht den Blick ab; oder ignorieren Sie gar jene, deren Anderssein eventuell Unbehagen erzeugt. Schenken Sie ihnen ein Lächeln, oder grüßen Sie sie – im Lift, in der Kantine oder an der Espressomaschine.

Mit dem Hute in der Hand

... kommt man auch heute noch durchs Land. Respekt ist eine Grundregel, wenn wir mit Menschen zusammenkommen, die anders sind als wir. Wenn wir respektvoll sind, werden uns unsere Fehler vergeben. Zeigen wir keinen Respekt, so annulliert unser Ton, unsere Absicht und unser Handeln das, was wir sagen.

Wir wollen alle menschenwürdig behandelt werden – und ausgerechnet derjenige, den wir gerade ignorieren, könnte ein potentieller Kunde sein, der für einen dicken Auftrag verantwortlich ist. Oder der Firmenchef, der einstellt, befördert oder uns einen Auftrag oder eine Position im Aufsichtsrat „zuschanzt".

Um sicher zu sein, daß wir Ehre geben, wem Ehre gebührt, müssen wir einige grundlegende Konversationsregeln beachten: Kommunikation, Höflichkeit und gesunden Menschenverstand.

Von Freunden in der Not

Es ist kein Zeichen von Schwäche, wenn man Mitgefühl zeigt. Der emotional Intelligente ist derjenige, der Harmonie verbreitet – am Arbeitsplatz und im Leben.

Ich begegnete Shorty Sneed vor 15 Jahren im Flugzeug. Wir blieben jahrelang in Kontakt, aber dann hörte ich nichts mehr von ihm. Er rief mich kürzlich an und erzählte, daß seine Familie eine schwierige Zeit hinter sich hatte. Shortys 19jährige Tochter hatte einen Autounfall gehabt und war seither gelähmt. „Sie ist eine Inspiration für mich, weil sie so stark ist, so beharrlich und zuversichtlich."

Shorty sagte, daß die enorme Unterstützung und Zuneigung, die sie von Verwandtschaft, Freunden und Nachbarschaft im weitesten Sinne erfahren hatten, für ihn ein Beweis war, daß die Menschen im Grunde gutherzig und hilfsbereit sind. „Lori macht jetzt ihr letztes Jahr an der Schule, und ich bin ihren Freunden so dankbar, die sie auch weiterhin einbeziehen. Vielleicht haben einige Leute Dinge gesagt, die nicht so gut waren, aber ich bin pragmatisch und sehe das Positive, und so erinnere ich mich nur daran, wie wunderbar jeder war und immer noch ist. Und Loris Humor, Persönlichkeit und gute Laune machen ihre Gegenwart zu einem Genuß."

Shorty wie Lori haben eine Menge gelernt, wie Freunde und Fremde jemanden behandeln, der anders ist. Er sagte zu mir: „In einem Restaurant fragte mich einmal ein Kellner, was Lori essen wollte. Ich sah ihn an und sagte: „Fragen Sie nicht mich, sondern sie." Ein andermal hob ein Kellner die Stimme an, um meine Tochter zu fragen, was sie wollte. „Sie brauchen nicht zu schreien. Ich bin nicht taub; ich bin gelähmt." Lori Sneed ist wirklich ein Star im Comeback!

Shortys Rat: Schauen Sie nicht weg. Sagen Sie etwas. Ein nettes Gespräch tut gut. Ein tiefergehendes Gespräch kann sich später ergeben. Lori hat Mumm, Schwung und Spritzigkeit. Später wird sie mal jemandes Lehrerin, Frau, Mutter oder Manager sein.

Ein Freund und früherer Klient, Leigh Bohmfalk, bestätigt diesen Rat: „Seit meiner Operation bin ich vielen netten, interessierten Menschen begegnet und habe mich mit ihnen unterhalten, denn mein Gips ist ein Gesprächsanlaß. Es ist ein toller Aufhänger für Leute, die wahrscheinlich einsam sind und mit jemandem sprechen wollen. Ich werde diesen Gips vermissen – aber ich habe eine wichtige Lektion gelernt, was die Wahrnehmung von Behinderungen betrifft. Die Menschen waren so offen mir gegenüber; ich werde nie mehr den Blick von jemandem abwenden, der anders ist als ich.

Der Rollstuhl als Lehrstuhl

Nach einer Operation mußte die Queen der Tagungsplaner, Elizabeth Goulding, einige Monate im Rollstuhl zubringen. „Ach, die Lektionen, die ich da gelernt habe!“ sagt sie. „Manche Leute, die mich gut kannten, wandten den Blick ab, weil ich Schrauben und Nägel in meinem Bein hatte. Ich wußte, das war, weil es ihnen etwas ausmachte, sie aber darüber nicht sprechen konnten. Ich machte es mit einem Späßchen leichter für meinen Boß, so daß er mit Humor antworten konnte.

Eine Sache, die ich denen ans Herz lege, die eine Behinderung haben, ist, daß sie nicht defensiv auf normale Gesten der Freundlichkeit reagieren. Manchmal, wenn eine Tür zu schwer ist, um sie aufzustoßen, bin ich glücklich, wenn jemand sie mir öffnet. Ist die Tür leicht zu öffnen, sage ich: ‘Oh danke, das schaffe ich schon.’ Hilfe ist kein Mitleid. Die meisten, die helfen wollen, fühlen mit und sollten nicht vor den Kopf gestoßen werden. Ihr Angebot kommt von Herzen.

Es wäre gut für jeden Stadtplaner, einmal einen Tag im Rollstuhl zuzubringen oder mit einer Binde über den Augen. Das würde ihm die Augen dafür öffnen, was noch alles getan werden kann, um Behinderten das Leben leichter zu machen."

Lösungen

Wir können das Gespräch erleichtern, indem wir:

- jemandem, dessen Sprechweise anders ist oder der einen Akzent hat, mit mehr Aufmerksamkeit zuhören, besonders am globalen Arbeitsplatz
- die richtige Position einnehmen, um die Unterhaltung zu fördern. Wir müssen vielleicht ein paar Schritte zurücktreten, damit ein Rollstuhlfahrer keinen steifen Nacken bekommt
- mit dem Gesicht sprechen

Dem anderen von den Lippen lesen

Es ist immer wahrscheinlicher, daß unsere Mitarbeiter auf allen Geschäftsebenen hörgeschädigt sind – besonders durch den Alterungsprozeß bei der Nachkriegsgeneration.

Allein in den USA gibt es 84 Millionen hörgeschädigte Arbeitnehmer. Obwohl sie immer noch benachteiligt werden, sind die positiven Veränderungen unübersehbar. Durch das Aufkommen von Fax und E-Mail und spezieller elektronischer Hörhilfen kann man jetzt auch als Schwerhöriger telefonieren. Die Technologie hat die Unterschiede nivelliert.

Lois Vieira ist Trainerin in Ganzheitskommunikation und Zeichensprache für Schwerhörige. Sie hat zahlreiche Situationen beobachtet, wo ein Zeichensprache-Dolmetscher zur Stelle war. *Ihr Rat:* „Passen Sie auf, daß Sie nicht Ihr Gespräch oder Ihren Blick auf den Dolmetscher richten und den eigentlichen Gesprächspartner ausschließen. Wenn wir uns auf den Dolmetscher konzentrieren, so setzt das den Schwerhörigen herab."

Dieser Rat bezieht sich sowohl auf Dolmetscher für Zeichensprache als auch auf den ganz normalen Dolmetscher. Bei unserem Vorstoß auf den globalen Markt ist das ein guter Rat.

Ein Familienbetrieb in San Francisco wurde von mehreren Brüdern geleitet, von denen einer schwerhörig war. Wie viele aus seiner Generation ging er auf eine normale Schule und erhielt niemals Unterricht in Zeichensprache. Forschungen haben ergeben, daß selbst die besten Lippenleser kaum und selten auch nur die Hälfte dessen mitbekommen, was gesagt wird. Wenn dieser Mann Ihr Chef wäre, so würden Sie ganz gewiß sicher sein wollen, daß es mit der Kommunikation einwandfrei klappt. Das bedeutet, daß man sich ihm beim Sprechen zuwendet und die Worte deutlich artikuliert.

Leichte Hörschäden sind häufiger als wir denken. Heute wird die Nachkriegsgeneration 50 und hat 35 Jahre laute Musik gehört.

Ein Firmenchef, der in Vietnam war, sagte zu mir, er habe 30 Prozent seines Hörvermögens verloren und lese jetzt den Gesichtsausdruck seiner Gesprächspartner. Jüngste Forschungen von Charissa Lansing an der University of Illinois über Lippenleser weist darauf hin, daß manche Menschen, die stark hörgeschädigt sind, das ganze Gesicht nach Information absuchen und nicht nur die Lippen. (University of Illinois, *Inside Illinois*, 5. Oktober 1995)

Lernen wir von Lippenlesern, und sprechen wir angeregter und mit mehr Gesichtsausdruck, um besser verstanden zu werden. Es ist nützlich für uns, wenn wir folgende Tips beherzigen:

Tips für Gespräche mit Hörgeschädigten

Was zu tun ist:

- artikulieren, aber nicht übertreiben
- Worte mit Gesten unterstreichen
- vor dem Gesprächspartner stehen

Was besser unterbleibt:

- die Hand vor den Mund halten
- keine Miene verziehen wie beim Pokern
- den Rücken zukehren und sprechen

Jenseits von Wort und Sprache

Es gibt Menschen, die sich unterhalten können, unabhängig von ihren Fähigkeiten in einer Fremdsprache.

Meine Tante Milly Cohen ist darin eine Meisterin. Obwohl sie über 30 Jahre hinweg immer wieder einmal in Israel lebte, hat sie nie flüssig Hebräisch sprechen gelernt. Und dennoch hatte sie nie Verständnisschwierigkeiten mit ihren israelischen und arabischen Nachbarn. Ihre Tochter Sheri, die fließend Französisch und Hebräisch sprach, fand Millys Gesprächsgeschick ohne sprachliche Flüssigkeit sowohl belustigend als auch irritierend.

„In Frankreich sprach ich Französisch, und die Leute sahen mich an, als ob ich von einem anderen Planeten käme," sagte Sheri. „Mutter gestikulierte, lachte, machte irgendwelche universalen Gesten, warf ein Wort oder zwei Worte Französisch dazwischen, und die Kommunikation geriet in Fluß und belebte sich. Bis heute hat sie noch Freunde in Frankreich, die wir damals getroffen haben und die denken, daß sie tatsächlich Französisch spricht. Wir kommunizieren eben mit mehr als Sprache.

Ich bin doch nicht taub

Wir neigen dazu, gegenüber Ausländern die Stimme anzuheben, als ob ein Russe, Chinese oder Spanier uns deswegen *verstehen* würde, weil wir lauter sprechen.

Ich erfuhr dies aus erster Hand während eines Monats, wo ich wegen eines Stimmbandproblems nicht sprechen durfte. Die Reaktionen waren unterschiedlich. Viele meinten, ich sei taub, und sprachen lauter. Andere sprachen „Ausländersprache", als ob ich nicht richtig Englisch verstehen könnte. Erstaunlicherweise kannten einige ein paar Zeichen oder Fingersprache, und ich mußte ihnen zu verstehen geben, daß ich hören konnte, auch wenn ich nicht sprechen konnte.

Meine Zeit der Stille war eine eindrucksvolle Zeit der Innenschau, Lektionen und Reflexionen – und lehrte mich, daß Worte nur *ein Teil* der Kommunikation sind. (Ich lernte auch, daß ich meiner Cousine Kayla ein Hochzeitsgeschenk kaufen konnte, ohne ein Wort zu sagen.)

Das Gespräch nicht aus den Augen verlieren

Mit jemandem zu sprechen, der sehgeschädigt ist, fiel mir immer leicht. Vielleicht, weil wir das gleich sehen und wissen, daß Menschen mit einem Sehschaden oft sehr tiefe Einsichten haben, viel Information und eine umfassende Vision.

Ein Wort der Warnung: Wir neigen dazu, in Anwesenheit von Sehgeschädigten lauter zu sprechen, und das ist nicht nötig. David Hand, Vorsitzender eines Gastronomieverbandes, ist teilweise sehgeschädigt. Er betrachtet seine Behinderung mit Humor: „Ich biete bei einer Party immer an, der abstinente Fahrer zu sein, aber keiner geht darauf ein."

Heutzutage sind 36jährige Vorgesetzte von 50jährigen. Das kann eine bittere Pille sein. In einer hiesigen Kabarettshow gibt es ein Lamento des Inhalts: „Mein Doktor ist jünger als ich." Das kann auch der Rechtsanwalt sein, der Pfarrer und sogar der Chef. Es ist keine leichte Situation, aber es kann funktionieren, wenn beide Parteien die Fülle und Vielfalt der unterschiedlichen Erfahrungen am Arbeitsplatz vereinen.

Die Generationenkluft zu überbrücken, gehört zum Umgang mit Veränderung und zur Anerkennung von Erreichtem. Ray du Boise, ein ehemaliger Vizepräsident der Bank of America, gab mir einige Höhepunkte seines interessanten Werdegangs zum besten – vom schüchternen 18jährigen Einzelkind, das sich beim Wehrdienst plötzlich in einer „Familie" von 60 Mitgliedern im Schlafsaal vorfand, bis zum Pensionär nach drei verschiedenen Karrieren. Ray ist einer von denen, die fest daran glauben, daß Beziehungen und Networking für Position und Ressourcen ausschlaggebend sind. „Ich konnte immer den Hörer abnehmen und einen Kollegen oder Konkurrenten anrufen und die Information bekommen, die ich brauchte."

Für Ray ist eines der bemerkenswertesten Unterhaltungsgenies Walter Fulton, ein 82jähriger leitender Angestellter der Bank of America, der immer noch beratend tätig ist. „Er wird heute noch auf Industriemessen und Kongresse eingeladen, weil er jeden kennt und Türen öffnet. Er stellt die jüngeren Angestellten vor und bringt die Unterhaltung in Gang." Glücklicherweise sind ein paar Leute bei der Bank klug genug einzusehen, was sie brauchen, und nehmen jemanden, der diese Position ausfüllt, egal, wie alt er ist. Die Mitarbeiter und Kollegen wie auch die Leute von der Konkurrenz würden gut daran tun, mit ihm zu sprechen. Er bringt immer noch ein Geschäft zustande.

Die meisten Menschen sind hilfreich, interessiert, interessant und reagieren positiv auf andere, die aufrichtig sind.

Das schließt die Lücken zwischen Rassen, Ethnien, Geschlechtern, Altersstufen und Kulturen, und auch die, welche uns von denen trennen könnten, die Behinderungen haben.

Gespräche mit Älteren

Manchmal kann sich in einem Gespräch die „Kluft zwischen den Generationen“ auftun, ganz gleich, ob unser Gesprächspartner jünger oder älter ist als wir. Teil des Generationenkonflikts ist ein Eltern-Kinder-Geplänkel, das sich auch am Arbeitsplatz und in der Gesellschaft fortsetzt.

Junge Manager und Geschäftspartner haben mich oft gefragt, wie sie ältere Menschen in der Branche oder im Betrieb ansprechen sollten. Hier dazu einige Ideen:

- Schlagen Sie eine Brücke. Von Menschen mit mehr und anderer Erfahrung kann man immer etwas lernen.
- Gutes Benehmen macht bei einem älteren, lebenserfahrenen Menschen einen guten Eindruck.
- Sprechen Sie den anderen mit seinem Titel an, es sei denn, er winkt ab.
- Konzentrieren Sie sich auf das Gemeinsame bei einem Ereignis, Projekt oder Problem.
- Stellen Sie intelligente, offene Fragen (Wie hat sich Ihre Mitgliedschaft in diesem Verband ausgewirkt? Was war Ihre seltsamste Begegnung mit einem Kunden?)
- Teilen Sie etwas über sich selbst mit. (Ich hätte nie gedacht, ich würde einmal bei einer Konferenz mit so vielen Größen aus der Wirtschaft dabei sein.)

Diese Tips sind nicht nur für das Gespräch der heutigen Generation mit der Nachkriegsgeneration, sondern auch für jedes Gespräch mit einem Älteren.

Alter Knacker, junger Spund & Co.

Wenn Ihr Klient wesentlich älter oder jünger ist, so behandeln Sie ihn besonders zuvorkommend. Die meisten Menschen haben Interessen, Hobbys und ihr Leben außerhalb des Büros: Eltern und Kinder, Verpflichtungen, Lieblingsmusik oder Filme, Universitäten und geographische Zugehörigkeit. Finden Sie diese heraus, und knüpfen Sie daran an.

Schlüssel sind auch Respekt und die Fähigkeit, anderen ihre Befangenheit zu nehmen. Wir können den gestandenen Kollegen respektieren, der langjährige Berufserfahrung hat (und vielleicht einiges aus dem Nähkästchen plaudert). Wir können auch den klaren, jungen, schwungvollen Menschen respektieren, der eine ausgezeichnete Ausbildung hat und sich exzellent mit Computern auskennt.

Es gibt keinen Grund, warum wir mit einem von ihnen arrogant oder unhöflich sprechen oder in irgendeiner Weise den Eindruck von Überlegenheit vermitteln sollten. Jemand kann vielleicht kaum seinen Computer in Gang setzen und doch ein Topverkäufer sein. Der andere sagt vielleicht: „Shakespeare? Nie gehört", kann aber ein ausgefeiltes Programm für eine Adressendatei entwickeln und das ganze Büro an einem Nachmittag in die Anwendung einführen. Wenn zwei solche Menschen zusammenarbeiten, können tolle Dinge geschehen.

Auch Kinder sind Gesprächspartner

Im Grunde ist der Trick, wie man mit wesentlich jüngeren oder älteren Menschen umgeht, gar keiner. Einfach offen sein, interessiert und respektvoll. Dieser „Trick" funktioniert bei jedem, der anders ist als wir.

Die Unterhaltung mit älteren oder jüngeren Zeitgenossen beruht auf dem einfachen gesunden Prinzip, wie es Sharon Gangitano formuliert hat: „Sprich mit Menschen aus anderen Altersgruppen so, wie du mit Gleichaltrigen sprichst – mit demselben Ton, Interesse und derselben Einstellung.“

Lehrer und gute Manager wissen, daß Schüler oder Mitarbeiter zu dem fähig sind, wozu wir sie für fähig halten. Erwarten Sie das Beste, und Sie werden es wahrscheinlich bekommen.

Als Simone Davalos von der Yale University auf ein privates Gymnasium in San Francisco ging, beklagte sie sich gegenüber ihrer Mutter, daß der Mathematiktutor sie „wie einen Teenager behandelte.“ Simone *war* ein Teenager, aber ihr Tutor verstand nicht ihre Tiefe, Intelligenz und ihren Elan. Erst nach der vierten Lehrstunde begann der Lehrer mit Simone wie mit einem normalen Menschen zu reden. Sie war entzückt.

Kinder sind Menschen. Sie haben Interessen, Ideen und Meinungen. Sie müssen Hausarbeiten machen, ihren Beruf auswählen und zu (Fuß-, Basket-, Volley- und anderen) Ballspielen gehen. Es könnte ja auch Ihr Kind sein, das bei einem Betriebsausflug oder einer Firmenfeier von einem Kollegen, Angestellten oder Chef nett und aufmerksam behandelt wird.

Wir vergessen solche Freundlichkeiten nicht – und andere tun das auch nicht.

Heikle Situationen

Manchmal sind wir gefordert, in hohem Maße Mitgefühl und Kommunikationsgeschick zu zeigen. Ich sprach in Kapitel 10 über Ausdrücke des Mitgefühls für Menschen, die einen Schicksalsschlag erlitten haben, und hatte Sätze vorgeschlagen wie:

- „Ich weiß nicht, was ich sagen soll."
- „Es tut mir so leid.
- „Was Sie durchmachen müssen!"
- „Gibt es irgend etwas, das ich tun kann?" (Tun Sie dann etwas, auch ohne gebeten zu sein.)

Eine andere Art von Schwierigkeit, mentale, emotionale oder psychische Probleme, können einem ebenfalls ein Gefühl von gesellschaftlicher Entfremdung geben. Katie berichtete mir über ihre Tochter, deren neues Antidepressivum ihren Zustand eher verschlimmert hatte, so daß sie in eine psychiatrische Klinik mußte. Ich versuchte, das Positive daran zu sehen und sagte, das sei ein gutes Zeichen. Vergebliche Liebesmüh! Katies Blick sagte mir noch vor ihrer Antwort, daß ich sie an einer wunden Stelle getroffen hatte. „Es gibt kein gutes Zeichen, bis sie mit dem Unsinn aufhört", sagte sie ärgerlich. Ihre Worte kamen von zwölf Jahren des Schmerzes und der Angst um das Leben ihrer Tochter.

Geisteskrankheiten sind ein heikles Thema, aber es gibt sie nun einmal, und sie beeinflussen den Arbeitsplatz wie die Welt insgesamt. Klinische Depression und die Mittel dagegen nehmen einen größeren Platz im Leben ein, als man denken möchte – und es ist schwer, da die richtigen Worte zu finden.

Ich entschuldigte mich bei Katie und erklärte, daß ich der Situation das Beste abgewinnen wollte. Daraufhin berichtete sie von einer Freundin, die immer das passende Wort fand: „Ach je! Das tut mir leid. Kann ich was für dich tun?"

Nach Ansicht von Lois Vieira ist das auch nicht der Moment, wo man mit einer Geschichte „von jemandem, dem es noch schlimmer geht" aufwarten sollte. Forschungen haben ergeben, daß das gerne getan wird, um die Konversation im Griff zu behalten und nicht mit Gefühlsproblemen konfrontiert zu werden.

Art Berg, ein Meister der Vortragskunst, ist Tetraplegiker. Er sagt, seine Situation macht für ihn die Probleme und Nöte anderer nicht kleiner. Wir alle gehen durch unsere eigenen Prüfungen und Seelennöte.

Fassen Sie sich ein Herz – und lassen Sie es sprechen

Wenn jemand Probleme hat, müssen wir stets zwischen mitfühlendem Interesse und Neugier unterscheiden.

Der Betreffende (oder dessen Eltern, wenn es sich um Kinder handelt) hat vielleicht nicht die Zeit, um uns ein Seminar über eine Drillingsgeburt, Hörgeräte für Kinder oder degenerative Erkrankungen zu halten. Wenn wir uns mit ihnen so unterhalten wie mit jedem anderen auch, wird es für alle angenehmer sein.

Als Jeanette Bruciati und ihr Sohn Michael durch ein hiesiges Einkaufszentrum gingen, kam eine Frau auf sie zu und sagte: „Hi, Michael. Wie geht's?"

Michael wandte sich um, grüßte zurück, und sagte: „Mom, ich möchte dich mit meiner Kundin bekannt machen." Michael ist freundlich und entspannt bei Menschen, die nett zu ihm sind. Er arbeitet als Tütenpacker im hiesigen Supermarkt, wo als Arbeitskleidung ein weißes Hemd und Schlips vorgeschrieben sind. Jeanette hat bemerkt, daß das Management bei Michael diesbezüglich manchmal beide Augen zudrückt; sein Chef scheint es wegen Michaels Problem (Down-Syndrom) schwierig zu finden, ihn in die Pflicht zu nehmen, damit er sich vorschriftsgemäß kleidet. „Ich hoffe, es hat nichts mit Michaels Behinderung zu tun, aber ich fürchte, das hat es."

Jeanette hat mir zum Umgang mit Michael so manchen Rat gegeben, der allgemeine Gültigkeit hat:

- Sprich mit Michael wie mit jedem anderen auch.
- Respektiere ihn als Persönlichkeit.
- Vermeide unangebrachtes (kindliches) Necken.
- Höre mit den Ohren und dem Herzen. Wenn du nicht verstehst, was Michael sagt, bitte ihn einfach, es anders auszudrücken.

Diese von Herzen kommenden Ratschläge können uns helfen, „den Mann/die Frau im Spiegel" besser zu sehen und unser Selbstbild und Selbstvertrauen zu bessern und zu stärken.

Was besser unterbleibt

Wenn wir mit Menschen zu tun haben, die anders sind als wir, müssen wir sensibel, offen, wach und respektvoll sein – und dann sagen, was von Herzen kommt. Hier folgen einige Ausdrücke, die gänzlich unangebracht sind:

- „Ein paar von meinen besten Freunden sind ..." Sharon Gangitano, eine Nachbarin, erwidert dann: „Wie interessant! Ein paar von meinen Freunden auch."
- „Leute, ihr solltet ..." Das beinhaltet, daß wir der alleinige Spezialist sind und sämtliche Antworten auf alle Probleme dieser Welt parat haben.
- „Was wollt ihr eigentlich alle?" Shirley Davalos, eine Videoproduzentin, erinnert sich an die allzu oft gehörte Frage: „Was wollt ihr Spaniolen eigentlich?" Shirley hat ein frohes Gemüt und ist einer der ruhigsten und positivsten Menschen, die ich kenne. Sie lächelte in solch einem Fall, zuckte mit den Schultern und sagte: „Wir *alle*? Keine Ahnung!"
- Erzählen Sie keinen Witz über eine Gruppierung, zu der ein Gesprächspartner gehört.

- Wenn Sie sich beispielsweise mit einem Afroamerikaner unterhalten, sprechen Sie nicht ausschließlich über Michael Jordan oder Shaquille O'Neal, es sei denn, Ihr Gesprächspartner ist Basketballspieler.

Was immer ankommt

Wenn wir die Fettnäpfchen vermeiden, ist jeder Schritt einer in die richtige Richtung. Nochmals: Vergessen Sie nicht, aufmerksam zuzuhören und respektvoll zu sprechen. Ohne Respekt kann alles herablassend klingen und tatsächlich auch *sein*.

Hier sind einige Themen, über die man mit Sicherheit mit jedem sprechen kann:

- Veranstaltungsort, Veranstalter
- das Museum, für das die Spenden bestimmt sind, und so weiter
- Tagesereignisse, Sportereignisse
- Filme, Wetter, Bücher

Zaubermittel Konversation

Die echten Gesprächsprofis, die überall in der Arbeitswelt Erfolg haben, bringen ihre Bereitschaft und ihren Wunsch zum Ausdruck, daß sie ihren Mitmenschen ihre Befangenheit nehmen – egal, was in ihrem Leben geschehen ist. Diejenigen, die den Versuch machen, Menschen ihre Befangenheit zu nehmen, die anders sind als wir, haben eine unschätzbare Gabe.

Ich wünschte, ich hätte ein Zaubermittel für die Nöte unserer Gesellschaft. Das ist leider nicht möglich, aber ich weiß, daß die Fähigkeit, erfolgreich Konversation zu machen und Menschen ihre Befangenheit zu nehmen, die Welt besser macht. Sie bringt uns auch persönliche und berufliche Belohnungen. Ich hoffe, daß dieses Kapitel es Ihnen erleichtert, mit Menschen zu sprechen – aber das wichtigste ist, daß ich das Patricia gegebene Versprechen gehalten habe.

Erinnern wir uns

- Die Arbeitswelt hat ihre Unterschiede im Hinblick auf Religion, Hautfarbe, Alter, Sprache, Kultur und körperliche Verfassung – und die Schlüssel zur Kommunikation sind normale Höflichkeit und Anstand.
- Der „Schmelztiegel" ist ein Mythos. Wir müssen unserer Unterschiede genauso gewahr sein wie unserer Gemeinsamkeiten.
- Das Geheimnis der Konversation mit Menschen, die anders sind als wir, ist, sie mit Respekt zu behandeln.
- Sprechen Sie mit Menschen, die anders sind als Sie, wie mit denen, die wie Sie sind. Behandeln Sie Menschen, die anders sind als Sie, als ob sie so wären wie Sie. Themen: das Wetter, das Projekt, der Chef, die neue Marktstrategie, die Veranstaltung, die Tagesnachrichten.
- Man kann nie wissen! Die Person, die anders ist als Sie, könnte ein Vorgesetzter, ein künftiger Angestellter oder ein Klient sein.
- Wenden Sie nicht die Augen von Menschen ab, die körperlich behindert sind, und ignorieren Sie sie nicht.
- Seien Sie offen für Menschen aus anderen Altersstufen.
- Die meisten Menschen sind hilfsbereit, interessant, freundlich und aufrichtig.
- Der Nutzen unserer Fähigkeit, uns in einer vielfältigen Welt zu unterhalten, ist unschätzbar.

14 Die 10 Gebote der guten Konversation

1. Du sollst Unterhaltung zum Buffet des Lebens mitbringen.
2. Du sollst dich auf die Unterhaltung vorbereiten. Sei belesen (Zeitungen, Magazine, Bücher) und beschlagen.
3. Du sollst anderen Beachtung schenken und Blickkontakt halten.
4. Du sollst ganz Ohr (Auge, Gesicht und Herz) sein! Bejahe! Antworte! Höre, um zu lernen; lerne zuhören!
5. Du sollst humorvoll sein und über niemanden abschätzig reden.
6. Du sollst andere in den Mittelpunkt rücken.
7. Du sollst mit Witzen, Worten, Geschichten und Verhalten überlegt umgehen.
8. Du sollst andere im Konversations-Trio mitspielen lassen: beobachten, fragen, mitteilen.
9. Du sollst eine Art des Sprechens haben, die gute Manieren, Höflichkeit und Respekt ausstrahlt.
10. Du sollst mit Menschen, die anders sind als du, so wie mit denen sprechen, die wie du sind.

Wer mich dringent braucht ...

... kann mich erreichen!

Besuchen Sie meine Website:	http://www.susanroane.com
Postanschrift:	The RoAne Group, 320 Via Casitas, Suite 310, Greenbrae, California 94904
Telefon:	001 (415) 239-2224
Fax:	001 (415) 461-6172
E-Mail:	sroane2224@aol.com und 75671.2056@compuserve.com

Anhang

Kurzer Überblick über Alltagsgespräche

Erinnern wir uns

- 88 Prozent von uns sind schüchtern. Es ist normal, gegenüber Fremden befangen zu sein.
- Im Zweifelsfalle für den Unbekannten – der stille Typ könnte einfach schüchtern sein, und kein Snob.
- Ran an den Feind! (Feind?) Unterhaltung ist Übungssache.
- Lesen Sie die Tageszeitung.
- Die meisten Menschen mögen es, wenn man sie anspricht.
- Zuhören ist der Schlüssel zur Unterhaltung.
- Die besten ersten Schritte: Breites Lächeln, fester Händedruck und Begrüßung.
- Wenn wir wissen wollen, worüber wir sprechen sollen, brauchen wir nur gut zuhören.
- Haben Sie eine knappe Selbstvorstellung parat, die zum jeweiligen Anlaß paßt. (Bei der Veranstaltung eines Gastronomieverbandes: „Guten Tag/Abend. Mein Name ist XY vom Konversationsgenießer-Verband. Oder: „Mein Name ist YX. Ich bin von der Firma, die immer ihren Senf dazu gibt.“
- Lassen Sie ihr Konversations-Trio spielen: Beobachten, Fragen, Mitteilen.
- Behalten Sie während des Gesprächs Blickkontakt.
- Sprachlich klasse – dann stimmt auch die Kasse!

Themenliste

Die Veranstaltung

(Wohltätigkeitsveranstaltung, Schwimmtreffen, Abiturfeier, Hochzeit)

Lächeln Sie und nehmen Sie Blickkontakt auf. So signalisieren sie Ansprechbarkeit.

Die Begrüßung

Schüchterner Typ:	„Guten Tag" oder „Guten Abend". Die meisten von uns werden ebenso antworten.
Forscher Typ:	„Guten Abend. Mein Name ist Heinz Huber aus dem hohen Norden." Hand zum Händeschütteln ausgestreckt. (Heinz hat dem anderen einen Aufhänger gegeben.)

Antwort

Schüchterner Typ:	„Jens Brinkmann."
Forscher Typ:	„Jens Brinkmann. Klingt eher wie wilder Süden. Wie hat Sie's dahin verschlagen?" (Er hat den Aufhänger angenommen und eine relevante Frage gestellt.)

Antwort

Schüchterner Typ:	„Ich wurde versetzt."
Forscher Typ:	„Besserer Job. Und mal andere Tapeten. Wollte mal sehen, ob an der Nordseeküste alles o.k. ist. Haben Sie schon mal Aal gegessen?"

Antwort

Schüchterner Typ: „Nein."

Forscher Typ: „Ja. Ist angeblich das beste Mittel gegen Kater."

Zu empfehlen

- Dem anderen etwas „auf dem Silbertablett servieren", damit er einen Anfang findet.
- Sprechen Sie über den Veranstaltungsort, die Veranstaltung, die Lage oder auch das Wetter.

Zu vermeiden

- Die Bemerkungen des anderen übergehen ... denn das sind die Bausteine der Unterhaltung!

Zuhören und antworten verwickelt den anderen in einen Austausch. Interesse haben, ist der Grundstein des Interessant-Seins.

Der geschäftliche Anlaß

Ob Meeting, Fachmesse, Konferenz, Festansprache – wir verpassen eine Gelegenheit, wenn wir uns nicht unterhalten.

Unbedingt zu empfehlen

Lächeln und Blickkontakt aufnehmen.

Begrüßung

Forscher Typ: „Hi! Ich bin Franz Gruber aus Übersee."

Antwort

Schüchterner Typ: „Guten Tag. Mein Name ist Petra Wachendorfer."

Forscher Typ: „Ich bin Petra Wachendorfer. Woher, aus Übersee?"

Antwort

Schüchterner Typ: „Aus Übersee bei München."

Forscher Typ: „Aus Übersee bei München. Das hätten Sie nicht geahnt, oder?"

Antwort

Schüchterner Typ: „Nein."

Forscher Typ: „Nein. Das ist ja echt der Hammer. Gibt's so was wirklich? Fallen alle darauf rein?"

Antwort

Schüchterner Typ: „Ich kann ja nichts dafür."

Forscher Typ: „Alle. Aber ich war auch schon richtig in Übersee. Letztes Jahr war ich in Machu Picchu."

Antwort

Schüchterner Typ: „Echt."

Forscher Typ: „Gibt's da auch so einen Touristenrummel wie in Luxor?"

Antwort

Schüchterner Typ: „Ja."

Forscher Typ: „Das ist eher bescheiden. Und das macht mehr Spaß, vor allem, wenn man selbst Reiseleiter ist, und den Leuten etwas bieten kann, was noch nicht so abgelaufen ist."

Antwort

Schüchterner Typ: „Sind Sie Reiseleiter?"

Forscher Typ: „Toll. Sie sind Reiseleiter! Machen Sie Individualreisen?"

Antwort

Schüchterner Typ: „Ja."

Forscher Typ: „Ja. Ich habe eine Agentur in München. Ich mache das jetzt seit drei Jahren. Läuft super gut!"

Zu empfehlen:

- Haben Sie eine eingeübte Selbstvorstellung von 7 – 9 Sekunden parat, die etwas mit dem Anlaß zu tun hat.
- Machen Sie eine Bemerkung, die als Aufhänger dient.

Zu vermeiden:

- Einsilbig antworten.
- Menschen, die freundlich sind, ignorieren oder abblitzen lassen. Man kann nie wissen!

Dadurch, daß man Informationen gibt, auf Antworten achtet und eine Bemerkung oder Frage anbringt, bekommt das Gespräch eine Grundlage und Struktur.

Geschäftsanlässe mit Ehepartnern

Vorsicht: Wir müssen Ehepartner mit Respekt, Interesse und Zuvorkommenheit behandeln. Manchmal sind die Teilnehmer der Veranstaltung Frauen und die Begleiter Männer. Das ist eine heikle Angelegenheit, da viele Männer wegen des sozialen Stigmas lieber zu Hause bei den Kindern bleiben. Wir sollten zu ihrem Unwohlsein nichts hinzufügen.

Begrüßung

„Was machen Sie beruflich?" ist *nicht* der beste Start.

„Was tun Sie in Ihrer Freizeit?" oder „Was sind Ihre Hobbys?" ist besser, weil der andere da eine größere Themenauswahl hat.

„Ich kenne Sie doch von einem früheren Seminar. Verzeihen Sie. Ich kann Ihren Namen nicht in meiner Gedächtnisschublade finden."

„Auf wie vielen von diesen Kongressen waren Sie schon? Was ist Ihr liebster Veranstaltungsort/Vortragsredner?"

Für den Teilnehmer

„Was wollen Sie während Ihres Aufenthalts in San Francisco besichtigen?" oder „Welche Seminare werden Sie belegen?"

Für den Partner eines Teilnehmers

„Sie müssen der Mann von Frau Markus sein. Ich habe über Ihr Theaterstück gehört. Es ist ein Vergnügen, mit Ihrer Frau im Team zusammenzuarbeiten."

Für eine „Nur-Hausfrau" als Antwort auf die Frage: „Und was machen Sie beruflich?"

„Oh, ich habe einen Vierundzwanzig-Stunden-Job, Sieben-Tage-Woche, immer auf Station und ohne Piepser."

Zu empfehlen

- Unterhalten Sie sich mit Ehepartnern auf interessierte und respektvolle Weise.

Zu vermeiden

- Ehepartner auf Veranstaltungen übergehen oder als unwichtig abtun.

Vergessen Sie nicht, daß Ehepartner einen enormen Einfluß auf geschäftliche Entscheidungen nehmen. Sie haben ihre Interessen in der Kunst, im Sport, gemeinnützigen Initiativen, Filmen und im Geschäftsleben.

Eine wahre Geschichte von einer Spendenveranstaltung

Die Konversations-Trio-Methode hilft uns beim Überqueren von stillen und weniger stillen Gewässern. Und das ehrlich gemeinte Kompliment als Konversationsstarter baut den Austausch auf, positive Erinnerungen ... und bringt Stimmen!

Geben wir den anderen etwas, worüber sie sprechen können – eine Krawatte, einen Hut, Anstecknadel, Ohrringe, Krawattennadel, Sweatshirt.

Achten Sie auf alles, was aus dem Rahmen fällt, und nehmen Sie es als Aufhänger.

Cheryl M. trug bei einer Spendenveranstaltung, bei der auch Präsident Clinton zugegen war, eine Nadel mit einem Frosch an ihrem Kragen.

Beobachtung: Der Präsident bemerkte die Nadel und sagte: „Was für eine hübsche Frosch-Nadel!"

„Wußten Sie, daß ich Frösche sammle?" fuhr der Präsident fort.

Cheryl, so wie sie gerne geantwortet hätte: „Wirklich? Wie haben Sie damit angefangen?"

Cheryl, so wie sie antwortete: „Nein."

Bemerkung: Präsident: „Mein Vater sagte immer ..."

Kein langes Gespräch, aber aufmerksam, fokussiert und freundlich, auf der Grundlage einer Beobachtung und eines Kompliments.

Zu empfehlen

- Einsehen, daß es einen gemeinsamen Nenner für alle Gespräche gibt: den Anlaß der Spendenveranstaltung.
- Achten Sie auf „Fingerzeige".
- Machen Sie ein (ehrlich gemeintes) Kompliment.

Zu vermeiden

- Vergessen, daß die Kunst des Gesprächs der richtige Mix ist: Konversation, Fragen und Enthüllungen.

Bei Trauerfeiern, Gedenkfeiern oder bei Begräbnissen

Es ist wichtig, daß wir in solchen Situationen anderen respektvoll unser Mitgefühl ausdrücken.

Was Sie sagen können (mit einer leichten Berührung an Hand oder Arm)

„Ich weiß nicht, was ich sagen soll. Meine Gedanken sind bei dir/Ihnen.“ Oder:

„Das ist solch ein Verlust. Paul war so ein besonderer Mensch.“

Halten Sie einen Moment inne, und sagen Sie etwas, woran Sie sich erinnern:

„Ich erinnere mich, als wir beide an demselben Projekt arbeiteten und darauf warteten, daß der Projektleiter von der Kaffeepause zurückkam, daß Paul eines Tages ungeduldig wurde ...“

Was Sie keinesfalls sagen sollten

„Du bist ja noch jung; du wirst wieder heiraten.“

„Der Sarg muß Sie ein Vermögen gekostet haben.“ (Auweia!)

Beim Verlust eines Kindes (die große Tragödie des Lebens): „Der Herr wollte den kleinen Johannes bei sich haben.“

Was man entgegnet, wenn jemand das oben Erwähnte sagt

„Wenn Sie mich entschuldigen wollen.“ Und dann fortgehen.

„Autsch!“

„Wie bitte?“ mit einem fragenden Ausdruck.

Oder einfach ignorieren ... der absichtslos Taktlose weiß gar nicht, was er gesagt hat.

Die Sache mit den Namen

Wir begegnen so vielen Menschen, daß es schwierig und unrealistisch ist, sich an alle Namen erinnern zu wollen.

Was sagen Sie?

Ergreifen Sie sie Initiative; strecken Sie die Hand aus; und sagen Sie Ihren Namen dabei. 90 Prozent aller Menschen erwidern diese Geste ... und dann muß sich niemand mit den Namen abmühen.

Was sagen Sie nicht?

„Wir sind uns bereits bei den letzten drei Veranstaltungen begegnet."

Wenn jemand das sagt, und Sie erinnern sich nicht an ihren Namen ...

Antwort

„Wie nett von Ihnen, daß sie sich an meinen Namen erinnern! Sie haben ein tolles Gedächtnis; ich würde gerne Ihr Geheimnis kennen." Oder

„Verzeihen Sie, aber ich kann mich nicht an Ihren Namen erinnern. Anscheinend ist meine Datenbank gerade zu."

Was Sie nicht sagen (besonders zu älteren Menschen)

„Guten Tag. Erinnern Sie sich an mich?" Oder

„Freut mich, Sie wiederzusehen!" (ohne Ihren Namen zu sagen)

Zu empfehlen

- Stellen Sie sich nochmals vor, und sagen Sie deutlich Ihren Namen.
- Bitten Sie, Ihre Aussprache zu verbessern, wenn jemandes Name schwierig auszusprechen ist.

Zu vermeiden

- Jemanden tadeln oder in Verlegenheit bringen, der Ihren Namen nicht aus seiner Gedächtnislücke holen kann.

Wenn jemand Ihren Namen vergißt, seien Sie nachsichtig. Wir vergessen von Zeit zu Zeit alle etwas, und Ihre Nachsicht spricht Bände, schlägt Brücken und baut Gespräche auf.

Bemerkungen zum Abschied
(von einem Endlos-Hamlet, Angeber oder Langweiler)

Zu empfehlen

Warten Sie, bis Sie selbst an der Reihe sind, unterbrechen Sie sich selbst ... und entschuldigen Sie sich, indem Sie in freundlichem Ton sagen:

„Ich wünsche Ihnen noch einen angenehmen Abend, einen angenehmen Aufenthalt, ein gutes Spiel, Seminar etc.)

Und dann legen Sie ein Viertel des Raums zwischen sich und den Betreffenden; gesellen Sie sich zu einem einzelnen, einer Gruppe, oder gehen Sie ans Buffet.

Vorsicht: Der Betreffende, den wir als langweilig empfinden, könnte einfach nur schüchtern und befangen sein, solange wir nicht auf ein Thema gestoßen sind, das ihn interessiert.

Schüchterne und ehemals schüchterne Menschen sind großartige Gesprächspartner, denn ihr Blick streift nicht ständig durch den Raum; sie sind ganz bei der Sache. Wir alle haben Interessen, Hobbys, Informationen und Wissen. Die Zufallsbekanntschaft nach dem Man-kann-nie-wissen-Prinzip könnte eine lebenslange Fund- und sogar Goldgrube sein!

Zu vermeiden

Den Blick umherschweifen zu lassen oder Ihrem Gesprächspartner über die Schulter nach jemandem anderen schielen, der interessanter scheint, einen besseren Titel hat oder attraktiver ist.

Was tut man, wenn jemand genau das tut? Folgen Sie seinem Blick und sagen Sie leichthin: „Ist was?“

Es könnte die Ankunft der Ehrengäste sein ... oder der andere ist einfach unhöflich.

Achten Sie auf die Anwesenden, die Umgebung und Ereignisse.

Für erfolgreiche Unterhaltungen

Seien Sie ganz bei der Sache!

Was wir beobachten, hören und lesen ist der Treibstoff für phantastische Unterhaltungen.

Hören Sie zu und strecken Sie Ihre Antennen aus. Gesprächsmaterial gibt es überall ... in Büchereien, Kinos, Fitneßclubs, auf Tribünen, in Cafés, Kabaretts, in der Klasse, im Fernsehen, in der Familie und im Kongreß bzw. im Bundestag.